Emil Wirtz

Lautliche Untersuchung der Miracles de St. Eloi

Emil Wirtz

Lautliche Untersuchung der Miracles de St. Eloi

ISBN/EAN: 9783743650411

Hergestellt in Europa, USA, Kanada, Australien, Japan

Cover: Foto ©ninafisch / pixelio.de

Weitere Bücher finden Sie auf **www.hansebooks.com**

AUSGABEN UND ABHANDLUNGEN

AUS DEM GEBIETE DER

ROMANISCHEN PHILOLOGIE.

VERÖFFENTLICHT VON E. STENGEL.

XXXV.

LAUTLICHE · UNTERSUCHUNG

DER

MIRACLES DE ST. ELOI.

VON

EMIL WIRTZ.

MARBURG.

N. G. ELWERT'SCHE VERLAGSBUCHHANDLUNG.

1885.

Meinem früheren Lehrer

Herrn Provinzial-Schulrat E. Gruhl

in

aufrichtiger Dankbarkeit und Verehrung

gewidmet.

Die miracles de saint Eloy, welche uns in der Ausgabe von Peigné-Delacourt [1]), Beauvais, Noyon, Paris 1861, vorliegen, sind uns durch eine einzige HS, welche sich auf der Bodleyschen Bibliothek in Oxford befindet, überkommen. Diesem Texte liegt eine lateinische Lebensbeschreibung des h. Eligius, verfasst von dem Bischof Ouen von Rouen, zu Grunde, welche auf nicht allzu freie Weise in französische Achtsilbner übertragen wurde. An verschiedenen Stellen beruft sich der Dichter auf diese »istoire, escriture, letre« des St. Ouen, so z. B. VI 1:

Sains Ouins, ki fist chest istoire.

Dass sie lat. war, gibt er selbst an, z. B. LXIX 1:

Devant mes iex truis en latin

und LXI 63: Que je puisse selonc la letre

Sen saint obit en rommans metre.

Allerdings ist uns die lat. Vorlage nicht vollständig und in teilweise verschiedener Anordnung der einzelnen Capitel in der Sammlung von Surius: tom. VI und von d'Achery: Specilegium, tom. V 147 sq. und nov. edit. tom. II 76 sq., überkommen.

Eine Vergleichung des lateinischen und französischen Textes ergibt nun, dass der Umfang des letzteren dem des ersteren nicht vollständig entspricht, denn ausser den lat. 4 Capiteln zu

---

1) Die Erklärungen, welche Delacourt zur Erläuterung des Textes gibt, scheinen für einen unwissenschaftlichen Leserkreis bestimmt zu sein. Manche bedenkliche Irrtümer, welche sich darunter befinden, bedürfen hier keiner weiteren Richtigstellung.

Anfang fehlt im Verlauf des französischen Gedichtes noch eine
beträchtliche Anzahl weiterer Capitel der Vorlage. Jedoch
muss hervorgehoben werden, was Delacourt nicht angiebt, dass
einige Male in einem französischen Capitel mehrere lateinische
vereint enthalten sind; so enthält Cap. LVI drei für sich allein-
stehende, abgeschlossene Erzählungen, welche im lat. Texte
auch als solche durch besondere den Inhalt betreffende Ueber-
schriften gekennzeichnet sind (cf. d'Achery: Specilegium p. 108
Cap. XXII, XXXIII). Ebenso beginnt in Cap. VIII 85 eine selbst-
ständige Erzählung (cf. Specileg. p. 80, Cap. IX). Wie die
Collation [1]) besagt, ist bei Zeile 85 wahrscheinlich das Blatt
ausgefallen, auf welchem ein neues Capitel anfing. In Cap. XLI 27
befindet sich nach der Coll. eine Initiale, wie sie sonst am
Capitelanfang steht, jedoch keine Ueberschrift und kein leer
gelassener Raum dafür. Trotzdem muss, dem Inhalte nach
zu urteilen und weil in der lat. Vorlage ein neues Capitel mit
neuer Ueberschrift beginnt, (s. Surius tom. VI p. 730 und d'Achery
p. 92 Cap. V, VI) auch hier ein neues Capitel angefangen
haben. Bemerkt muss endlich noch werden, dass die lat. HS.
ursprünglich noch ein drittes Buch aufwies (cf. Surius Bd. VI
p. 766 und Mir. de St. Eloy XXXIV 49), welches diese Be-
nennung jedoch eigentlich nicht verdiente, da es inhaltlich
nichts neues brachte; deshalb hat auch weder der franz. Dichter
noch Surius dasselbe weiter als solches bezeichnet und an-
geführt.

---

1) Eine Collation mit der Hs. hat Herr Professor Stengel im Jahre
1870 angefertigt und mir bereitwilligst für meine Untersuchung über-
lassen. Für diese Freundlichkeit und manche andere Unterstützung
und Anregung fühle ich mich gedrungen ihm meinen tiefgefühlten
Dank auszusprechen.

Früher schon hatten sich Aug. Scheler: Glanures lexicographiques s.
Jahrb. Bd. X p. 241 ff., Paul Meyer u. Gaston Paris: Contributions aux
Glanures lexicographiques s. Jahrb. Bd. XI p. 134 ff., Mussafia: Zu Schelers
Glanures lexicographiques s. Jahrb. Bd. XII, p. 110 in lexicographischer
Hinsicht um den Text sehr verdient gemacht.

Innerhalb der Capitel sind ausser den von Delacourt als Lücken bezeichneten Stellen noch manche weitere Stellen als lückenhaft zu bezeichnen. So fehlt eine Zeile in XXXII 81, 2 Zeilen in VIII 65, während man nicht einsieht, wie die Coll. schon richtig bemerkt, weshalb in XXXI 36 eine Lücke sein sollte. In XXX 47 wäre wohl eher ein unreiner Reim anzunehmen, als eine Lücke; L 73, 74 sind diese Zeilen umzustellen, die fehlende Zeile in LX 60 gibt die Collation (s. -ine); Zeile XLIX 36 ist eine unnütze Wiederholung und deshalb nicht mitzuzählen.

Ausser diesen Unebenheiten zeigen sich bei den einzelnen Reimen wahrscheinlich vom Copisten hineingetragene Fehler, so ist XXXVII 9 *couroit* für *courait* zu setzen, in XLIII 196 *eluminoit* für *enluminoient*, in XXIII 52 *acouroient* für *acoururent*, in LXX 189 *trouvoient* für *trouverent*, in XX 9 *assist* für *assit*, in XXXIX 57 *avoir* für *avoit*, in XLIII 130 wohl *fouirrent* für *fouissent*, in XXII 3 *maison* für *afaire* und LVIII 195 ist wohl des Reimes wegen umzustellen in: »ainsi si comme il dist avint«. In XXIV 65 würde, was auch dem Sinn völlig entspricht, *eus* für *este* einzusetzen sein. Schwieriger sind die Reime in XI 235 und in XLIII 103 herzustellen; man könnte in beiden Fällen an eine Umstellung denken, in XI 235 an: »le roi en le vile trova« und in XLIII 104 an: »entre bestes sauvages mourrai« wenn nicht im 2. Falle auf diese Weise ein Neunsilbner entstände.

Von den unreinen Reimen mögen diejenigen, welche dem Sinne nach nicht zu ändern und im Rimarium und der Laut- und Flexionslehre nicht besonders hervorgehoben sind, hier vorausgeschickt werden. Es reimen nämlich: -ouche = -ouque : couche, chouque LIX 71, -iques = -ites : reliques, antiquites VIII 13, L 195 (und selbst der Silbenzählung nach -iques = -es XXIX 31), welche vermutlich in Folge des Gleichlautes entstanden sind; ferner -ines = -isses : offechines, malisses LX 29.

Die Fehler im Innern der einzelnen Zeilen, welche zum

gossen Teil die Coll. verbessert, einzeln anzuführen, würde Gegenstand einer neuen Ausgabe sein.

Einige Reimworte würden, wie sie im Texte stehen, durchaus unverständlich sein, so *dois-ons* in IX 107:

> Et de mont (*wohl* mons) lieus a loi dois-ons
> Mene loins en Caitivisons,

aber es muss *d'oisons* gelesen werden (s. Jahrb. X 244), welches Wort als von *ovis* herkommend = *oviciones* zu betrachten wäre; die lat. Vorlage, cf. Surius p. 713, hat den Ausdruck: »veluti greges« *a sediis propriis evulsi.* Ebenso würde L 133 *d'orieus* statt *dorieus* gelesen werden müssen, und *orieus* wäre alsdann aus *oricosum*, einer Weiterbildung von *os, oricus* zu erklären.

Die folgende Untersuchung bezweckt nun auf Grund eines vollständigen Rimariums die Laut- und Flexionslehre dieses sprachlich so interessanten Textes aufzustellen und damit zugleich eine Vorarbeit für eine kritische Bearbeitung desselben wie einen Beitrag zur afr. Grammatik und speciell zur Kenntnis der picardischen Mundart, welcher das Gedicht angehört, zu liefern. Die Einrichtung des Rimariums und der grammatischen Zusammenstellungen ist im wesentlichen die in früheren Heften der A. u. A. getroffene, nur ist der grösseren Uebersichtlichkeit halber nicht nur der etym. Werth der jedesmaligen Reimworte angegeben, sondern auch unter Vorsetzung von + der der damit gebundenen.

Der am Schluss hinzugefügte alphabetische Index der Reimworte, unter Einbeziehung auch der von Scheler, Meyer, Paris und Mussafia besprochenen sonstigen Worte, wird, hoffe ich, als eine den lexikalischen Forschungen zu Gute kommende Beigabe willkommen sein.

Rimarium.

a.

1) **-abet** *fut.* + ∞ : 5,19. 10,177.
19,147. 20,77. 56,83. 58,193. 59,29,
39,43. 62,223. 63,3,15,29.

2) **-abet** *prs.* + -avit : a 11,212. 14,
86. 17,38. 19,160. 53,72; **-ac** + **-avit** :
la 14,42. 15,30. 24,8. 32,70. 43,40. 44,10,
13. 52,28. 54,12. 60,4. 70,257; **-ade**
+ -avit : va 24,48; **-am** + -avit : ja 16,18;
-avit + **-abet** *prs.*, -ac, -ade, -am
+ ∞ : 5,25,33,77,99. 6,31.   8,25,59,
69,73. 11,197,203,231,235,241. 13,17.
14,11,29,87. 15,5,75. 19,87. 20,87,109.
21,27,31. 23,45. 24,37,43,85. 25,37.
27,43,53 (noncha *für* nonchu *Coll.*), 61.
28,53. 29,45,53. 30,93. 31,15,25. 39,7.
40,7,31,103. 41,63. 42,15,23. 43,57,
123,147,149,163,209,211,217. 44,23,39.
45,11. 46,7,81. 48,1,13. 49,65. 50,101,
111,147,243,299.   52,25,71,93,129,143.
53,67,81,99. 54,81,153. 55,3,41,47,79.
56,17,53,79,105,147,155. 58,79,89,113,
261,269. 59,81,97,115 60,11,41,55. 61,9,
35,39. 62,165,195. 65,7,11. 67,67 + ○ :
61,7.

able.

1) **-abilem** *m.* + -abilem *f.* : estable
31,35. desrainable 53,25 + -abulam :
esperitable 16,18   + ∞ : convenable
62,49. tenable (?); -abilem *f.* + -abilem
m. : hounerable 31,36. amiable 53,26

+ -abulam : honnerable 10,93 ; **-abilem**
(*für* -abilis *f.*) + -abulam : convenable
10,128. estable 39,86;   -abolum
+ -abula : diable 58,57; **-abula** + -abo-
lum : fable;   **-abulam** + -abilem *m.*,
-abilem *f.*, -abilis *f.* : table + -abulum :
fable 47,16;   **-abulum** + -abulam :
vocable.

2) **-abili** (*für* -abiles) (?) + ∞ :
hounerable : estable 35,37.

ables.

-abiles *obl. pl. m.* + -abilis *m.* : per-
durables 7,75; **-abiles** *n. pl. f.* + -abilis
m. : delitables 70,120; **-abilis** *m.*
+ -abiles *m.* : estables 7,76 + -abiles
f. : esperitables *voc.* 70,119 + -abolus :
dechevables 24,96 + ∞ : coupables, con-
sentables 49,45. raisnables, mesurables
55,65. esperitables, pardurables 65,19;
-abolos + -abulas : diables 54,24 ; -abo-
lus + -abilis *m.* : diables + -abuli-s :
diables 31,22; **-abulas** + -abolos : fables;
-abuli-s + -abolus : connestables.

ache, ace, asse.

-acem + -atiam : efficasse 58,124;
-acia + -ateam : contumache 54,120;
-aciam + -acium : menache 58,75
+ -ateam : fache 21,20. menache 31,49
+ -atiam : menache 50,246; **-aciat** +
-atiam : fache 62,85 ; **-aciem** *s.* + -ateam :

fache 69,55 + -atiam : fache 65,65; -acium+-aciam:contumache; -*actiam +-ateam : trache43,45;-apiat+-ateam: sache 56,104; -ateam+-acia, -aciam, -aciem,-actiam,-apint:plache+-atiam: plasse 14,26. place 50,286 + -atium: place 14,18; -atiam+-acem, -aciam, -acint, -aciem : grasse +-ateam:grasse 14,25. grace 50,285 + -atio:grasse69,4; -atio s. +-atiam : generasse; -atium, + -ateam : espasse.

aches (asse).

1) -acias + ∞: contumasse (wofür wohl contumasses einzusetzen), faches 50,273.
2) -*adicas + -*assias(?) : esraches abaches 54,106.

ucle.

-aculum + ∞: tabernacle, habitacle 67,37.

acre.

-aconum+-*acrum:diacre, machacre 54,74.

ades.

-*adus+-apidus : Flavades, rades59,11.

age (ai-je).

-abiem + -apia : rage70,48 + -aticum: rage 47,41; -acio-ego + -aticum: fai-je 56,74; -agum+-aticum:sarcofage 44,31; -*apia + abiem : sage; -*apiam + -aticum : sage 58,8; -*apii +-atici:sage 55,84. 59,96 + -aticum: sage 56,138. 60,45; -*apium+-atici: sage 30,12. + -aticum : sage 9,160. 58.150 ; -atica + -aticum:ombrage 43,246. sauvage37,49; -aticam+-aticum:sauvage 47,27; -atici + -apii:

message. +-apium:ouvrage; -atioum + -abiem, -acio-ego, -agum, -apiam, -apii, -apium, -atica, -aticam, + ∞: 5,67,105. 7,5. 8,103. 10,207. 13,61. 14,5. 19,1,149,157. 27,9. 30,23. 35,23. 39,29. 40,39,111. 50,5. 53,7. 54,37. 56,63,175. 58,59,187. 62,1. 65,47. 67,25. 68,11. 70,15,135+∞:50,77.

ages.

-*apias+-aticos : sages 46,53, voc. 119; -*apios + -aticos : sages 19,25; -*apius + aticos : sages 9,13. 11,176. 12 ,3. 50,68; -aticos+-apias, -apios, -apius, +-aticus 50,90 +∞:9,45,135. 46,173; -aticus + -aticos, +∞:15,1.

at.

1) -abeo fut. + aho:meterai 50,70 + -atium(?):raverai 53,66 + ∞:27,37. 43,95,101,103(?). 53,77. 56,47. 62,149. 64,25. 65,63; -aho+-abeo:trai; -aioi +-atium(?):lai68,3; -*atium?+-abeo, -aici:delai.
2) -acum + ∞: Courtrai, Tournai 37,45.

aie.

-aca+-aham : vraie, retraie 30,7.

aies.

-abeas+-ahas:aies, traies 53,55.

aigne.

1) -*amniam + -aneam : engaigne 54,121; -aneam+-amniam:ouvraigne. +-ania: ouvraigne43,153. (für ouvrage cf. 54,122); -*ania + -aneam:compaigne.
2) -*anniam + ∞:Alemaigne, Bretaigne 9,51.

aignes s. aines. ailes s. ales.

aılle (aılle).

-*aoulam(?) + -aliam: maille 9.151;
-*ahillam + alliat : touaile 19,63;
-aleam + -alia: paille 46,91; -*alia
+ -aleam: braaille (s. Jahrb. X, 248);
-*aliam + -alliam: ketivaille +-alliat:
vitaille 10,164; -*alliat + -*ahillam,
-aliam: faille.

aım.

-amo + -amum: aim, haim 62,209.

ain.

-amen + -anum: arain 13,79; -ane
+-anum: demain 55,73. remain 52,64
+ ∞: main, demain 11,181; -anum
+-amen: humain +-ane: main +-ene:
main 26,17. 43,169. + -enum: main
22,39 + ∞: 10,7. 53,113; -ēne+-anum:
plain; -ēnum + -anum: plain.

aine.

-ana + -anam : certaine 62,122.
metropolitaine 50,29. quinsaine 58,103
+-ēna: lointaine 69,17 +-inat: humaine
62,152 +-oenam: humaine 11,121 +∞:
30,43. 70.273 (Coll. triduaine); -anam
+-ana, ⊦-ēnam: prochaine 56,141+-iniam: prochaine 62,69 + -inium: quinsaine 19,152 dousaine 39,87 +-oenam:
humaine 21,42. 46,21. saine 43,121
+∞: 5,75 (?). 10,63. 39,119. 70,265 ;
-ēna + -ana: plaine +-inium: plaine
9,95; -ēnam+-anam: alaine (Coll. für
aleine); -*ına+-iniam: enmaine 67,32;
-*ınat + -ana: maine +-inium: maine
53,45; -ıniam s., adj. + -anam, -ina:
demaine + -oena: demaine 5,81 (Coll.

demande?) -*ınıam s. adj.+-anam, -ena,
-inat : demaine + -oenam : demaine
70,6; -oena+-inium: paine ; -oenam
+-ana, -anam, -inium: paine +-oenat:
paine 46,80. 58,184 ; -*oenat+-oenam:
paine.

aines (aines).

1) -anas+-anıas: lontaines 38,17 + ∞:
39,51; -*anias + -anas: Giretaignes.
2) -ēnas+-oenas: caines, paines 31,54.
3) -*ınas+-ınıos: remaines, demaines
27,33.

aıns.

1) -anotos+-anos: sains 23,5. 29,15
+-anus: sains 10,160. 24,62 +-inctus:
⊦ains 7,84; -anotus+-anos: sains 13,3.
43,226 + -anus: sains 20,58. 56,173
+-antea-s: sains 58,201. 59,45; -anes
+-inus: mains 47,37; -*anhtos+-inus:
mains 5,64; -anos+-anctos, -anctus
+-anus: arrierains 35,17 +-inus: mains
9,25. 22,43. 69,68; -anus+-anctos, sains
+-anctus: saine + -anos: primerains;
-antea-s + -anctus: ains '); -ınctus
part. + -anctos: pains; -*ınus + -anes,
-anhtos, -anos: mains.
2)-*anıo-s+-*oenus: compains, Oains
8,77. 32,30.

aint.

1) -anctum+-angit: saint, soufraint
22,51.
2) -ancti+-*anhti: saint, maint 32,39.
3) -anet + ∞: 56,91.

aınte.

-ınota+-ınotam: contrainte, estrainte
21,30.

---

1) Aus ante-s, also a + compl. nas., kann man der Regel nach nur
ans erwarten; ains ist wohl besser aus antea+s herzuleiten, indem a, wie
auch in anderen Fällen, dass nachfolgende i-Element attrahirte.

air.

-aerem — -°agrum : air. fair 5.55.

aire.

-acere . -adrum 5,4. — -°agere 55.37.
76.117 221 — -adere 11.99. 21.15.
34.34. 34.50. 45.74.135. 52.135. 54.
15 114. 55.77 61.45 — -aria 15,15.
76.122 — -ariam 52.13. 34,51. 89.96,
— -°ariam 39,73 — -arist 34,45
— -ard 49.95. 55.71. 62.22 64.14.
— -arium 8 19. 9.15.124.226 15.55.56.
24,72. 40.40. 43.54.63.143. 45.17. 53.55.
54.90. 55 157. 55.6. 59.61. 70.100
— x : 7.15. 19.203. 23.41. 89.27,101.
47.2, -adrum — -acere : Biaucaire
-aerem — -ariam : aire11.108 : -°agere
— -acere : braire; -ahere — -acere
— -ari. : 13.73 — -arium : 34.9. 45.28.
. x : 54.15. -aream — -arii : aire 19.126;
-aria . -acere — -ariam : contraire
7,92; -ariam — -acere, -aria, -arium :
Crumaire 8.47?, securitaire 29,95.
aumaire 49,91; -°ariam - -acere.
-aerem : haire — -arium : haire 8.17.
11.114; -°ariat — -acere : desclaire;
-arii - -acere, -ahere — -arium : aver-
aaire 54,145 — -aream : cubiculaire
— x : 11,95; -ariam — -acere, -ahere,
-ariam, -ariam, -arii, + x : 6,23. 8,47?).
11,195. 61,13. 64,9.

aires.

-acere-s . -ari-s : afaires 11,179
+ -arius : afaires 61,41; -°aris +
-acere-s : waires + -arius : gaires 62,115
.. -atrius : gaires 43,4; -arias + -arios
infernaires 14,15; °arias + -arius : des-
claires 43,92; -arios , -arias, -arius :
aumaires 70,151; -arius , -acere-s,

-ari-s arias, -arios, — x : 55,9; -°atrius
— -°ari-s : repaires.

ais.

1 -acem — -atium : pais. palais 54,117;
2) -acem — -agis : vrais. mais 20.44.
3, -°actas — -actus : meffais 55.89
— x : 50.29? : -actus — -actos : meffais
— -acrem : fais. fais 90.54.
4) -alces — -axum : iais, relais 9,213.
calais 70.2.4.
5) — . ? . — o : Calais 5.2

aise.

1 -acem — -°asium : fournaise.
malaise 55.229.
2 -acest — -°asium : plaise, aaise
62.159.

aises.

-°asias s. — prs. 2. sg. : memaises,
memaises 70,169.

aist.

-acet — -axit : plaist 54,128 — x :
41,27; -axit — -acet : traist x : 55,39.

ait.

-acit + -actum : fait 14,61; -actum
— -acit : meffait + x : 15,101. 20,95.
43,61. 63,109. 56.37.

aite.

-actam — x : 54,21.

al.

-alem m. + -alem f. : roial 5,107. Marcial
15,26. offisial 46,24 + -allum : Marchial
15,14. general 31,2 + x : roial, sodal 11,88.
loial, roial 35,1. desloial, roial 54,49.
58.143; -alem f. + -alem m. : loial 5,108.
tripodial 15,25. bestial 46,23 + -ali :
roial 38,32; -°ali + -alem f. : compro-

vincial 38,31; -**allem** + -allum : val
25,19. 70,138; -**allum**+**alem m.** : entre-
val + -allem : metal 25,20. cheval
70,137 +∞ : 19,17. 69,15.

ale.

-**alam** *adj.* + -***alam** : male, sale 53,17;
-***alham** + -***alam** *s.* : male, sale 56,179.

ales, ailes.

-**ales**+-**ajulus** : sodales, bailes 65,57.

amble.

-**īmul** + -imulat : ensamble 24,22.
38,29. 56,122. 63,50; -**īmulat**+-**īmul** :
samble.

ambre.

-**abem**(?)+-**ameram** : tambre (*s. Jahrb.*
V, 268), cambre 58,225.

ame (emme).

-**amam**+**anima** : fame 50,14 +**animam** :
lame 67,18; **anima** + -**amam** : ame;
animam+-**amam** : ame +-ēmina : ame
12,19 +-omina : ame68,5 +-**ominam** :
ame 52,65. 58,247. 64,37; -ēmina
+ animam : fame + -omina : femme
35,21; -ōmina+anīmam, -emina : dame;
-ōminam+animam : Notre-dame 52,66.
58,248. dame 64,38.

ames (emes, emmes).

animas+-eminas : ames7,103. 46,141·
65,28 +-ominas : ames 9,97; -ēminas
+animas : femes 7,104. 65,27. femmes
46,141; -ōminas+animas : dames.

an.

-**anam** + ∞ : popelikan, gallikan
32,101.

anche (s. enche).

-**anceat**+-antia:lanche59,70; -***anciam**
+-antiam : Franche 6,18. 9,55. 11,215(?)
229. 12,1. 29,89,63. 30,91. 34,25. 89,99.

69,18; -***anieum**+**antiam:manche**42,81;
-**antia**+**anceat** : venianché +-**antiam** :
flagranche 8,50. abondanche 24,39.
creanche 48,34. venianche 58,69.
puissanche 67,22. meskeanche 69,27;
-**antiam**+-anciam, -anicum, -antia+∞ :
5,43. 6,5. 9,55. 10,175. 20,31,41,83.
22,55. 26,31. 30,35. 40,69. 42,13,21.
43,113. 46,13,83,97. 50,249,275. 53,103.
58,97. 62,123. 69,13. 70,259.

ande.

-***endam**+-**andat** : offrande, demande
56,98.

ange (an-je).

-**ando-ego** + -**aneum** : comman-je,
estrange 67,30.

anges.

-**aneas**+-**aneas** : granges, estranges
10,167.

angles.

-**angeles** + ∞ : 7,61.

ans.

1) -**andís** *f.*+-empus : grans21,2; -**annes**
+-antem-s:ans62,30 +-empus:ans41,48;
-**antem-s** *m.*+-annos : pesans +-antes :
-artillans60,67 +-empus : restans27,2;
-**antem-s** *f.* + -antos : pesans 70,111;
-**antes**+ -antem-s : perillans +-entes :
paisans 13,48. poissans 12,26; -ant(i)es
+-antem-s : besans; -**antos** + -empus:
tans57,2; -**empus** + -andis *f.*, -annos,
-antem-s, antios : tans; -antem-s (*für*
entem-s) +-entes : ressans41,4 +-entus:
joians 27,52 + ∞ : 58,25; -**antes**
(*für* -entes) +-antes:disans13,47. gisans
12,25 + -entem-s : mescreans 41,3;
-**antus** (*für* -entus) + -entem-s:dolans.

2) -**ando-s** + -***antium** : commans,
roumans 69,252.

3) -anus (für -anum) +∞: Sathans, Dathans 31,45. (s. Flexion).

ant.

-ando + -antem m.: escoutant 8,45 +-antum: quant 70,82 +-ente: saletant 24.54 +-(i)entem: anoiant 54,99 +∞: 15,47. 61,3(?); -ante+-antem m.: avant 43,23 +-antem f.: devant 59,99 +-entem(?)m.: avant27,39 +-entemf.: devant 48,3 +∞: 25,33. 28,1. 50,311: -antem m.+-ando: degoutant(?) +-ante: levant 43,24 +-entemm.: poissant24,12 +-entum: plourant6,26 + -(i)entem: larmoiant(?) 43,75; -antemf. + -ante: crevant 59,100 + -entem f.: plurant 70,126; -anti(?) (für -antes) +-enti: cachant 8,114; -antum+-ando: quant; -*ando (für -endo) +-entem m.: creant Coll. (für errant s. Jahrb. X, 244) 62,59; -*ante (für -ente) + -ando: maintenant + -entem m.: maintenant 5,85; -*antem m. (für-entem) +-ante: vivant(?)+-antemm.: dolant6,25. gisant 24,11 +-endo: vivant(?) + -ente: remanant + ∞: mescreant, recreant 32,77; -*antem f. (für -entem): -ante: seant +-antem f.: -acourant; -*anti(?) (für enti) +-anti: sachant; -*antem (für (i)entem) + -ando: oiant, -antem m.: oiant; -*antum (für entum) +-antem m.: dolant.

unte.

-aginta+-antat: cinquante, cante 9,89.

ape.

-*appam + -*appat: trape 46,145; -*appat + -*nppam: atrape + ∞: 8,93.

urde.

-*ardat | ∞?: garde 64,29.

ars.

1) -arsus+-artes: espars, pars 9,49. (Coll.) 57,4.
2) -*artis + ∞: 63,7.

art (aar, Coll. aare).

-*ardet+-artem: gart 54,206; -ardi +-artem: lupart 37,56; -(eh)-*ardum --artem: Maar 62,43 (Coll. Maare); -artem + -*ardet, -ardi, -(eh)-ardum + ∞: 31,9.

as.

1) -assum+-atos: elas, prelas 70,161 +∞: 5,15. 15,63. 20,23,33. 48,63. 53,119. 62,185.
2) -*assis(?) + -*atuis(?): debas, bas 54,101.
3) abes+∞: 10,19. 20,71. 49,57. 62,163.

asse s. ache, aches.

assent (aissent, aisent).

-assent + ∞: 44,25. 50,309. 10,89. 28,31. 24,93. 62,139. 19,27.

ast.

-asset + ∞: 6.19. 10,15,41,67. 19,123. 23,19,33. 28,15. 31,33. 46,29. 50,55,125. 55,13. 56,61,113,177. 58,85. 59,109. 70,131.

at.

-ati+-atuit: prelat, contrebat 31,5.

atre.

-atr(i)um+-attuor: atre62,37; -atuere + -attuor: batre 57,16 + ∞: 7,29. 58,181; -attuor + -atrium, -atuare: quatre.

aude.

-alda + *alda: 70,163.

aus, taus.

1)-*allus + -*altos: vuamus, aasmus31,18.

2) -°aculos+-ellos:fremaus11,21; -ales
m. ÷ -alis f. : desloiaus 32,23. roiaus
35,41. 70,22 +-alis m.:penetenciaus.
38,23 +-ellos:roiaus 11,243 +-illos:
loiaus 46,44. pronvinchiaus 49,10
+-desloiaus, officiaus31,14 ; -alis m.
+ -ales m. : jovenchiaus + -illos:
Marchiaus 15,99; -alis f. + -ales:
m.:roiaus 32,24. desloiaus 35,42. loiaus
70,21 + ∞ : desloiaus, roiaus 16,3;
-ellos+-aculos:aniaus +-ales:joiaus
+-illos : cantiaus 10,103. biaus 11,5
+ ∞ : damoisiaus, barisiaus 22,15.
sarchiaus, castiaus 28,29; -illos+-ales
m.:aus 46,43. chaus 49,9 + -alis m.:
chiaus +-ellos: aus 10,101; -°illos
+-elles:caviaus 11,6.

aut.

1) -°aldum+∞:baut, Willebaut59,13.
2) alet+-°altum:vaut58,180; -°altam
+-alet:Ercbenoaut +-altum: escaffaut
8,12; -altum+-°altum:baut.

é.

1) -atem + -ati 40,41. 56,129. 62,93
+-atum :9,141.37,24. 56,151 +-e(lat.):
7,106 + ∞ : 8,61. 9,113. 10,43,113.
11,119,227. 14,37. 19,93. 20,15,93.
22,41,57.24,63.28,17,37.33,15.34,27,45.
37,5. 39,3,33,73. 40,65. 41,53. 43,67.
44,33. 46,15,65,69. 50,17,27,85,103,187.
52,9. 54,143. 56,51. 58,153,163. 62,5,
141,253; -ati + -atem +-atum 41,40.
44,20. 54,40,213. 59,48. 42,257(?). 70,18
+ ∞ : 40,55. 41,57. 50,177. 54,221.
56,109. 70,1; -atum+-atem, ati+∞:
7,63. 11,173,213. 23,59. 34,19,21.
43,11,131. 44,1. 57,43. 50,81. 52,137.
57,21. 60,21. 61,53. 62,15. 70,255;
-e(lat.) + -atem + ∞ : 7,97.
2) -aoti + ∞ : maufe, escaufe 54,89.

3) -ëtum + ∞ : disore, secre 19,143.

èche.

1) -°eotiam+-itiam:adreche 43,160;
-°etmat+-itiam : bleche16,30; +-itiam
+ -eotiam : perfondeche + -°etmat:
pareche + ∞ :tristreche,leeche 62,103.
2)-°acha+-°itua:teche,fleche 20,104.

ée.

-ata+-atam : 10,66. 11,248. 13,9.
24,99. 25,11,26,29. 27,7. 43,198. 56,77.
69,38,71 +-atat:13,9 +∞:16,31.17,17.
24,51. 27,15,41. 30,29. 32,15. 35,43
40,47. 42,41. 43,77,189. 54,229. 49,88
(essiauee für essiaue); -atam + -ata
+-ëtum:11,103 +∞:5,69.9,3.10,27,55.
13,67. 14,3,71. 23,27. 25,35. 35,3. 37,7.
41,31. 43,51,241. 46,87. 48,25,61.
50,181,187,205. 53,78,95. 62,3,7. 66,5.
70,67; -°atat + -ata:agree; -ëtam
+-atam:secree.

ées.

-atas+∞ : 11,15,19. 14,63. 32,7.50,257.

ègne, ensne.

-egnum + -°ynodum : regne, senane
32,40 (s. Jahrb. X, 267).

èl.

1) -ellum+∞:bel, apentichel 29,49.
2) -ioulum+∞:aparel, parel 29,61.

èle.

-ella + -ellam:bele 5,83 + ∞ :54,65;
-ellam+-olla +-ellat:sele5,35 +-illam:
sele 5,73. escroele 19,44. 57,5 +∞:
11,51. 23,11. 43,243. 46,154; -ellat
+-ellam:canchele; -(ö)-lllam+-ellam:
aissele5,74. massele19,43. maissele57,6.

èles (èlles).

-ellas+-illas:beles 43,254. 44,41.

58,131. celles 65,80 + ∞ : beles 15,4.
chelles 32,45. 39,49(?). 41,7; -illas
--ellas : celes 55,132. cheles 65,29.
eles 43,253. 44,42.

èlle.

1) -°icalat + -igilat : sonmelle, velle
31,8.

2) -iculam + -°iliat : orelle, conselle
50,247.

èlles.

-iculas + -°ilias : oelles, conselles 75,29.

embre.

-embrem - emore : novembre, membre
56,86 + ∞ : 72,187.

emme *s*.ame. emes. emmes *s*.ames.

enche (anche), ense, ence.

1) -entia + -inicam : conscienche 58,110
+ -entiam : conscience 43,17. concienche
55,92. sentense 63,52; -entiam + -ini-
cam : astinenche 19,92 - -entia : audi-
enche 43,18. impascienche 55,91. pre-
senche 63.61 - -inciam : negligense
49,1 - ∞ : (enche) 7,19,65. 14.83. 46,67.
55,35. 56,161. 58,63. 62.133,221. 66,9,27.
67,77. 69.47. 70,199. (-ense) 5,89. 7,95.
13.89. 19,51. 24,23. 40,63. 53,93. 58,101.
adolescence, conscienche 7.3. presence,
silense 11,162. differense, presence
10,70 conscienche. penitanche 14.83.
differense. conscience 39,67. consci-
enche, sentense 55,13. passienche.
sentense 72,199. prouvenanche (Coll.
prouvemenche) sentense 70,61; -inciam
+ -entiam. Prouvenche: -inicam - entia.
-entiam : diemenche.

2) -ensam - x : despense, offense 52,29.

endent.

-endunt + ∞ : 54,195.

endre.

-endere + ∞ : 11,123,165. 14,39,73.
20,65. 21,15. 80,41. 42,45. 43,109. 49,19.
56,9. 59,39,65,159,215. 70,165.

enge.

-°emia + ∞ : blastenge, loenge 58,19;
-°emiam + -ende-age : loenge, enten-ge,
amenge 5,101. 21,43.

enges.

-°emias + ∞ : laidenges, blastenges
53,83.

enne (ane).

-anam - ∞ : prefenne, crestienne (Coll.)
63,11. crestienne, profane 30,47.

ens.

1) -enites - -entes : gens, gens 46,108.

2) -enitus + -entem-e : gens, gens
(far gent) 54,150.

3) -ensum + -entus : sens 16,48 + ∞ :
30,85; -entes - -entus : ploureuens (far
plourens) 62,112 + x : 46,105. 54,201.
62,203. 64,39. 63,31; -entas + -ensum :
vens; -°entus + -entos : parlemens.

4) -ens (lat.) + x : 40,105. 46,39.

ense *s*. enche.

ent.

1) -enitum - -entem : gent 56,29;
-ente + -entem 15,22. 28,26. 50,33
- -enti : 11,27 - -entit : 10,200 - -entum :
5,56,118. 6,15,89. 7,89. 8,3. 9,193. 11,11,
127,142,193,210,226. 12,13. 18,32,39.
17,36. 19,117,129. 23,43,55. 24,32.
30,33. 31,27. 35,35. 36,19. 39,97,117,126.
41,87. 43,25,38,82,146,165. 50,121,188,
251. 52,96. 53,91,106. 54,222. 55,60.
67,95. 59,4,81,94,105. 59,49. 61,56.
62,215,232. 63,27,42. 64,11,38. 65,18,

52(?). 67,72. 69,2,29. 69,51,75. 70,155,
207,228,232 + ∞ : 5,13,29,49,71,97.
7,79. 8,15,21. 9,28,103,119,219. 10,85,
119,155.11,53,167. 12,33.14,23.17,11,27.
18,5,11,27.19,9,61,109. 20,19,37,79,107.
21,25. 28,15,68. 24,81,79,83,87. 25,39.
27,23. 28,55,81. 29,33. 32,67. 37,41.
39,37,83. 40,15,43. 41,55 42,17,47.
46,9,25,51,169. 47,39. 48,17,45. 49,48.
50,167,219. 51,99. 52,53,70. 53,61,69.
54,7,69,155. 55,7. 56,95,117. 57,7.58,47,
219. 59,35,85. 61,29. 62,55,79,191.
63,83. 64,23. 65,61. 67,58. 70,59,177,
243,263; -entem+-enitum,-ente:gent
+-entum:gent10,40,140. 50,304. 70,183
+ ∞ : 22,35. 32,79(?). 50,283(?); -°enti
+ -ente: garnement; -°entit + -ente:
ment; -°entô + -entum : ment 72,76;
-entum+-ente, -entem, ento + -inde
9,134. 17,14. 50,100 + ∞ : 11,89. 19,85.
45,13. 52,35. 54,183,187. 59,103. 64,17;
-inde+-entum : souvent.
2) -endit+ ∞ : prent 62,211.

ente (ante).

-°enditam+-enta:vente9,84 +-entam :
rente 10,34. 39,22 + ∞ :36,15; -°enta
+-enditam : entente +-entam : pullente
32,34. dolante 69,23. 70,77; -°entam
+-enditam : entente +-enta +-∞ : 9,125.

ér

-are+-arem m.: 11,45. 49,71. 56,133
oublier(?) + ∞ : 8,55. 9,11. 10,141.
11,43,177. 12,27. 13,69,71. 22,25. 23,9.
26,3. 28,49,91. 29,13. 30,61. 32,83.
34,11,17. 39,15. 40,9. 42,29. 46,77.
49,7,27,41. 50,31,131,225,289. 52,31,
37,101. 54,103,137,165. 55,45,81. 56,125.
58,121,171,267. 59,111. 62,101,145,189.
64,3. 65,55.67,41. reveler, oublier 69,77.

70,7,57,109,215; -arem m.+-are:soller
11,46. bacheler49,72. familier56,134(?)
+ ∞: 35,5; -arem + -are : reguler,
seculer 17,25.

ère.

-arem f. + ∞ : regulere, seculere
9,207.

èrre. ère (erre, tere).

1) -aerere+-erram:conquerre11,78.
querre 62,45; -ater + -atrem : mere
70,172 +-èra : mere 17,31; -atrem
-ater: pere +-atri: pere 60,38.62,198.
64,45. voc. +-eriem:frere 60,14 + ∞:
pere, mere48,31; -°atri n. pl. (für
atres) + -atrem:frere 60,37. voc. pl.
+-atrem 62,197. 64,45. n.pl. +-erium:
frere 9,191; -ērà + -ater:austere;
-er(i)am+-eriem: matere 34,36. 61,51.
62,179 +-erium:matere43,236. misere
67,19 + -erram:matere 30,9. 62,90.
misere48,23; -er(i)em+-atrem,-eriam:
serre. seure (s. Jahrb. X,267) 62,180;
-er(i)am + -atri:ministere +-eriam:
presbitere, refrigere +-erram:chi-
mentiere15,10. presbitere 44,4.50,200.
57,116; -erram + -aerere, -eriam,
-erium:terre +∞:guere, terre 60,31.
2) -aram +-ēram:amere, abstere
(Coll.) 7,26. clere, espere 67,62.

èrent (terent).

-arunt (+ -avernnt) + erant:15,81.
35,40. 40,27. 43,47.50,305. 53,162.62,96,
47. 66,1. 69,12. 70,86,245 +∞:11,245.
13,37. 15,95(?).28,45. 32,43,89. 41,17,21.
43,133. 45,5. 49,11. 50,189,211. 59,105.
62,65. 64,1. escrierent, ploururent70,43.
— 73,101,117,245. erant + -arunt:
erent. - ierent15,82 35,40. 43,47.69,11.
70,245.

ères, èrres (teres).

-atrem-s+-atres : peres 39,35. 66,21
+-erios : peres 9,201 +∞ :50,93 : -atres
+-atrem-s : freres +∞ :18,9 ; -er(i)os(?)
+ -atrem-s : architeres + -erras : phi-
latieres 14,20. 29,30. 45,20 ; -erras
+-er(i)os : terres.

èrme.

-erminum+-irma : terme, ferme 20,76.

èrne (terne).

-erna+-ernam : luserne, chisterne 2,07.
lusierne, lanterne 37,13.

èrs (ters).

1) -ernus + -ernus s. : ivera, vers 69,80.
2) -ersum s. + -adj. : viers, pervers 23,1.
3) -ervis + ∞ : sers, desers 63,23.

èrt.

erat + -erdit : ert, pert 8,79.

èrvent.

-erv(i)unt +∞ : 51,19. 54,145.

ès (èrs).

1) -a(n)sum s. + -atus : mes 52,128
part. prt. + -issum : remes 10,132 ;
-atem-s + -ates 37,40. 54,108 +-atos
50,227 +-atus 19,107. 58,237 + ∞ :
7,37,73. 30,53. 43,5 ; -ates + -atem-s
+-atos 49,6. 54,88 + ∞ :66,17 ; -atis
+ -atos : asses 61,43. 70,35 +-atus 30,45.
58,147. 59,69. — (prs. 2. pl.) +-atos
50,294 +-atus 50,97. 59,21 ; -atos
+-atem-s, -ates, -atis, -atis (prs. 2.pl.),
-étis (prs. 2. pl.) :54,190 (desraes für
desraees) +-atus 11,56. 21,6. 27,45.
39,24. 49,55. 57,11. 70,42 +∞ :24,67.
28,11. 32,67. 56,131. 62,25 ; -atus
+-ansum s. -atem-s, -atis, -atis (prs.
2. pl.), -étis (prs. 2.pl.) 50,301. -atos
+ ∞ :5,91. 7,23. 15,57. 28,77. 30,21,107.

31,69. 38,9,15. 42,3. 43,21. 48,9. 49,49.
53,117. 58,11,21,61,213. 62,119. ânes,
oublies 62,167—177. 65,1. 70,253 ;
-étis (prs. 2 pl.)+-atos, -itis (prs. 2.pl.) :
58,185 ; — (fut. 2. pl.) +-itis (imprt.
2.pl.) 43,141 ; -issum+-a(n)sum : mes,
-itis (imprt. 2. pl.) +-étis (prs. pl. 2. s.
fut. 2. pl.).

2) -*errus+-estius : fers 46,34 ; -essum
+-essus : ses 48,48 +-estios : pres 50,71
+∞ :10,181(?). 17,33. 62,249 ; -essum
-essum : confes ; -*estios(?)+-essum :
engres ; -*estius(?) + -errus : engres.

èske (èsque).

-*iscam+-iscopum : leske, vesque 58,100.

èsse.

1) -essam + -*estiam(?) : presse , en-
gresse 54,75.
2) -issam + ∞ : 36,7.

èste.

-aesta+-estam : meste 68,75 ; -esta
+-estain : feste 54,216 ; -estam+-aesta :
feste ; -*estam + -esta : tempeste
+-est(i)am : tempeste 58,223 +-esto : feste
64,34 +-estum : teste 58,28 ; -est(l)am
+-estam : beste ; -*esto+-estam : amo-
neste ; -estum + -estam : deshouneste.

èstre (testre, èsque).

-esbitrum + -essere : prestre 52,91 ;
-*essere s.+-esbitrum : estre +-istrum :
estre 44,12 + inf. : estre 48,40 ; -*istrum
+-istrum : cavestre 49,35 ; -istrum
+-essere, -*istrum : seniestre+-istulam :
seniestre 57,10 ; -istulam + -istrum :
fesque (wofür festre su setzen ist, s.
Jahrb. X, 259. X, 152).

èt.

-apit + ∞ : 19,145.

15

èt.

-ittit + ∞ : 29,1.

ète, iete.

1) -aetam + -ectam : diete 10,152;
-ectam+-aetam : disete +-....?:disete
65,23 ; -..?...+-ectam :agiete.

2) -ebitam + -ittam : dete 14,82;
-*itta + -ittam : estinchelete 7,47;
-*ittam+-ebitam:menchoignete +-itta
: eurete; +∞ : 22,27.

ètent.

-ittunt + ∞ : 10,205. 54,135,197.

ètre (ètre).

-ittera+-ittere:letre 10,134. 16,22.
19,122. 48,5; -itteram+-ittere : lettre
30,5. letre 61,63; -ittere + -ittera,
-itteram + ∞ : 38,3.

eu (ieu).

-aucum+-eum : peu, Dieu 14,70.

euce.

-*yptia(?) impert. 2.sg.+ -*yptiam(?):
creuce 67,35 (s. Jahrb. X, 244).

eulent.

-ölent+-ölunt:seulent, veulent39,46.

eur s. our.

eure.

-*ōra s.+-*oro : eure, demeure62,263;
-ōram s. + -upra : eure, deseure 15,83
+ ∞ : 60,7.

eurent s. urent, eurs s. ours.

eus.

1) -*iles + -osus:bracheus 9,147 (s.
Jahrb. X,248); -ōsi+-osus:soufraiteus
9,137. precieus 70,121 + ∞ : 35,29;
-ösos + -osus:besoigneus 10,47. 25,2.

39,26. 50,174. precieus 41,46 +-uos:
langereus 43,215 + ∞ : 10,73. 12,23;
-ösum+-osus:langereus 19,34; -ösus
+ -iles, -osi, -osos, -osum + ∞ : 42,7,
53,3. 60,63. 70,173; -uos+-osos:deus.

2) avos + -öpus:cleus, leus 43,221.

3) *od(l)os+-ölis:aleus, veus53,52.

4) -ales + ∞ : 7,43. 18,21.

euse.

-ösa+-osam:hideuse50,139. perilleuse
62,112 + ∞ : 14,57. 26,35. 43,55,199.
66,65; -ösam +-osa:anieuse 62,111.
tenebreuse 50,140 + ∞ : 29,3.

euses.

-ösas + ∞ : 9,73. 11,47. 32,57.

eut.

-ölet + ∞ : deut, veut 20,54.

t.

1) -io+-ivit: ensi 20,22; -idit+-ivit:vi
39,109; -iti+-ivit : parti 25,24. establi
27,57. mendi 62,244 + ∞ : 70,25;
-itum+-ivi:oi 44,5 +-ivit:menti 14,47.
benei 26,37. deffoui 43,207. tenebri
43,203. enreski 46,90 + ∞ :7,83; -ivi
+-itum + ∞ : 50,281; -ivit + -ic,
-idit, -iti, -itum +-uio:26,26. 48,54
+ ∞ :5,21. 8,63. 22,45. 23,61. 26,39.
27,11. 39,71. 40,113. 43,89,181;183.
45,29. 49,73. 52,97,141. 53,89. 55,93.
56,111. 59,17. 67,47,65. 69,19,85; -uic
+-ivit : li 26,26 (dist li für li dist?).

2) ioum +∞:anemi, ami47,21. 60,53.

3) -idi+ -idum: vi 6,7; -ide+-idum
afi 8,28. 16,27; -idum+-idi, -ido:fi
+ ○ :fi 53,63.

iaus s. aus.

ible.

-ibilem m. + ∞ : paisible, irascible

58,20; -ibilem *f. (für* -ibilis) +∞ :
plentible, pasible 14,19.

le (lue).

-j-ats + -j-atam : otroie 8,31. me-
hagnie 21,23. moie 43,187. amaisnie
14,48. mehaignie54,228 +-iam : saohie
42,39. ensegniel(?) 46,112 +-ica:alas-
mie 70,250 +-itiam : entoitie 62,107
+∞:13,23. 30,57. 40,41. 52,39,85,105.
54,231. 62,127. 67,73. 69,59. 70,83;
-j-atam+-j-ata +-iam : saignie48,60.
maisnie 51,3 +∞ : 9,211. 10,115.
cangie,foies.11,49.—22,5.23,25.40,71.
43,111. 48,138. 68,3; -*icat+-itam:
prie10,5; -la+-iam:15,51.35,25.87,81.
46,138 +-ita:24,71 +-itam:57,16,30.
39,69.67,43 +∞:28,63; -iam+-j-ata,
j-atam, -ia +-icam : 5,113. 51,26.
53,41,75. 9,71. 70,28 +-icat:30,3
+idam:5,53 +-ita:7,88. 9,203. 11,131.
19,49. 40,37. 42,39. 48,46 +-itam:
9.19,37. 11,71,96. 14,1. 18,1. 19,5,35.
34,44,195. 36,21. 37,54. 38,12,38.
41,10. 43,100. 46,86(?),109. 50,92.52,13.
54,131.58,244. 59,57. 60,19,40,49. 61,46.
62,22,71,157.66,20. devie67,83.69,10,35;
+ -iutam:57,23 + ∞:8,99,119. 12,9·
13,35,53. 28,35. 30,25,59,103. 31,37.
32,5. 33,5. 35,11. 46,85. 47,17. 50,228-
52,67. 62,147. 63,13; -Tea +-j-atu:amie
+ -icam:amie 50,163; -icam + -iam
+-itam:17,4. 19,154. 50,234. 52,111.
62,136 +∞:22,59; -icat+-iam : die
+-itam:senefie 58,30; -idam + -iam:
putie + -itam : putie 8,123. 37,4;
-idia + -itam:demie 59,68; -idiam
+-itam : envie 56,160 ; -ita+-ia, -iam,
-itam:assouvie62,58 +∞:31,43; -itam
+-ecat, -ia, -iam, -icam, -icat, -idia,

-idiam, -ita +-itiam:boutie 54,132
+-iutam:vie61,61 +-*uoam:vie52,123
+∞:24,91.58,255. 61,57. 62,9; -itiam
+ -j-ata:couvoitie *(Coll.)* + -itam :
estoutie; -iutam+-iam:aime +-itam :
aie; -*ucam+-itam:orie.

16.

-j-atem+-j-atum:moitie14,76; -j-ati
+ -j-atum :entechie 46,157. esvellie
60,10. conseillie67,42 +-edem:arengie
26,9 +-*edi:atachie15,60 +∞:9,105.
36,27. baptoisie, parefie46,153.50,157.
65,37; -j-atum+-j-atem,-j-ati +-idem:
proie 14,32 +∞:14,33,79. muchie,
loie 49,59. — 53,131. 58,63,127.
62,17,27,261. 67,8; -edem + -j-ati,
-j-atum:pie; -*edi+-j-ati:pie.

lef.

c-*apum + -*evis : meschief, grief
27,17 +∞:11,143. 26,111. 24,35.
28,89. 50,255. 52,113.

legne.

-eniat + ∞:62,67,255.

legues.

-enias + ∞:62,73.

lemes.

imprf. c. +∞:embrachissiemes, re-
manaissiemes *(Coll.)* 70,197.

len.

-j-ani + -j-anum : crestien 46,93.
Parisien 70,30 + ∞ : Andowarpien,
Brabenchien40,19; +-j-anum+-j-ani:
Noremisien70,29. anchien46,94 +-ene :
Vermendisien 41,65. terrien 43,66
+∞:Lucien,Vermendisien45,1.anchien,
Crespinien *(Coll.)* 44,87; -em + -ene:
rien 24,16. 29,59. 54,116 +-eum:rien
53,47; -ene + -j-anum, -em:bien

+-*eum : bien 24,74. 26,42; -ĕum+-em: mien; -*ĕum+ene : sien.

ienne (iene).

-j-ana+-j-anam : anchïenne 31,92 +∞ : anchïenne, metropolïenne 37,43; -j-anam + -j-ana : creatïenne +∞ : creatïenne, paienne 40,35. Vermendisiene, Noiemisiene 40,13.

iens.

1) -j-anos+-j-anus: païens 45,9 +∞: Antwerpïens, creatïens 46,11; -j-anus +-j-anos:Lucïens +∞: Maximïiens, Juliïens 29,23 (s. *Flexion*). Datïens, Diocletïens 40,89. Urilïens, Usisïens 49,13.

2)-ĕm-s+-ĕne-s:riens13,66 +-c-intus: riens 41,13; -ĕne-s + -em-s : biens; -ĕum-s+-c-intus:siens13,55; -c-intus +-em-s:laiens + -*ĕum-s:laiens.

ient.

-icant+∞: 54,25.

ient.

-ĕnit+∞: 19,25.

ier.

1) -j-are + -arii : consellier 59,90. delaier 13,25 +-arium:mengier10,121. 19,72. 56,15 +-ĕre:reprouvier 49,64 +-erium : courouchier 16,16 +∞: 6,29. 10,97. 11,125. larmoier, glijer 11,145. — 237. 20,101,102 desploijer (*Coll.*) — 26,5,27. 33,13.39,31.40,53,67. 53,35. martirïer, clofichier 43,223. monteplïer, essauchier46,5. humelïer, abaissier 46,55, — 59,103. repairier, delaier50,105. 54,55. merchïer, glorefïer 54,151. — 55,43. 56,101,145,157. 58,111,139. 60,69. 62,183. resoignier (*Coll.*)62,217. — 68,17.69,31. 70,3,49,51,

251,272+∞ :13,27.58,207; -arïi+-j-are: messagier59,89. monnier13,26 +-arium : tounelier 52,44 + ∞: 50,173; -arium+-j-are, -arii +-ĕgri:latinier 19,82 +-ĕgrum:sentier 31,19 +∞: 5,79.56,69 +∞:56,81; -ĕgri+-arium: entier; -ĕgrum+-arium:entier; -ĕre +-j-are:fier; -erium+-j-are:moustier. 2)-*ermi+-ernum : vier, ivier 62,52.

iere s. erre.

c-aram+-aria:chiere49,15 +-ariam: chiere 29,28. 66,25; -aria+c-aram +-ariam:maniere 8,95. 28,5. lumiere 43,173. 50,186 +∞: 50,145; -ariam +c-aram, -aria +-edram36,11. 39,43 +-egra. 16,89. +-egram 19,131. 20,59. 24,81. 47,49 +-era 70,19 +-*eram 69,44. 70,108,201 +-etro 8,57 15,65. 21,8. 25,17. 27,21. 30,109. 41,1. 53,101. maislere 62,42; — 131 +∞: 10,37. 31,23. proiere, lumiere31,67. lumiere, raiere40,45. maniere, fourmiere42,35. — 43,161. maniere, proiere 50,59. 54,125. 58,73. 62,201. — 61,15. 67,69; -edram+-ariam +-etro:caiere 39,6; -ĕgra + -ariam : entiere; -ĕgram +-ariam:entiere +-etro:entiere11,219; -ĕra + -ariam:fiere; -*ĕram+-ariam: biere +-etro : biere 70,87,140,229; -etro+-ariam,-edram,-egram,-*eram : arriere +-irium(?) : arriere 39,111. 48,15. 50,108.52,20,145 +∞: arriere, derriere49,37; -*irium(?)+-etro:piere (*s. Jahrb.* X,263, XI,132).

ierent s. erent.

-j-arunt (-averunt) +∞:recommenchierent, convoierent 15,89. — 28,87. loierent,envoierent31,55.rovegnïerent

appareillierent(*Coll.*)37,35.enroijerent,
avoierent 43,155. — 44,21. crïerent,
s'umelïerent50,265. — 53,111. fïerent,
deprïerent53,111. — 54,93. envoierent,
proierent55,61. consellierent, proierent
58,165. — 59,101. 62,175. 68,29.70,63·

ieres (iues).

c-aras + -arias : chieres 11,18. 29,52.
-arias + c-aras : aumoanieres 11,17.
costieres 29,51 + -eucas : plenieres
19,20 +∞ : 37,11. 70,191 +○ : 9,165;
-eucas+-arias : liues.

ieres *s.* eres.

iers s. ers.

c-aros+-arios : chiers 9,196; -arios
+c-aros:droituriers +-j-aris *s.*-losen-
giers 8,112. ʝ-arius : orelliers 19,103.
deniers 56,49 + ∞ : 9,131. 25,21.
50,47,73; -j-aris *s.* + -arios : familïers;
-arius+-arios ʝ-egros 54,199 +-egrus
12,16 ʝ ∞ : 51,15; -ĕgros+-arius :
entiers; -ĕgras+-arius : entiers.

ies.

1) -j-atas + ∞ : 11,23. 15,77. 30,13.
50,149.
2) -ias+-itas : abeies 41,15. 50,15.
62,246. 64,43 ʝ∞ : 38,27. 46,17. 54,19.
58,35; -itas+-ias : establies41,16.50,16.
64,44. consteies 62,245.

ies (iers).

1) -arius +-j-atus : ahaniers 56,25;
-j-atis+-j-atos : 64,15 +-j-atus : soies
50,97. 52,73 + ∞ : 46,147. 64,19;
-j-atos+-j-atus 51,23. 54,210. 58,55
+∞ : loies, caboijes 24,67. — 50,115.
54,235; -j-atus+-arius,-j-atis:emploies
50,98 +-j-atos:proies54,209 — +-edes :

27,28 +∞ : 5,111. 7,13. 12,21. 23,13.
envoies, loies31,61. 42,9. 47,47. 54,68.
56,11. 68,25; -ĕdes+-j-atus : pies.
2) -°ĕvis+-°iesum:gries, ries 56,9.

iet.

1) -j-ati+∞ : 15,79.50,259; -j-atum
+-edem 15,89 +∞ : 35,45; -ĕdem
+-j-atum : piet.
2) -ĕdit+-°ĕvet:siet, griet 20,67.

ieve.

-c-°apat(?)+-°ĕvat:achieve, grieve
60,36.

iex (ieus).

-°aelos+-elius : chiex 59,27 +-oculos :
chiex 54,123. 64,23; -ĕlis+-etulus :
viex 67,32; -ĕlius+-°aelos ʝ -oculos :
miex9,1.26,24; -ĕtalus+-elis+-oculos :
viex 62,77; -ĕculos + -aelos, -elius,
-etulus +-c-osos : iex 50,134; -c-ĕses
+-oculos : orïeus.

igne.

-ignam+-ignum : digne, signe 67,64.

il.

-c-ĕtum? (Diez) +-ille : aisil, il
19,76.

ile (ille).

-ĕlium + -°llam : evangile 32,85
+-iliam : evangile 43,140 +-ilium :
evangille30,47 +-illam:eva ngile40,6.
evangille 54,5.; -°llam+-elium : gile
+-illam:gile 5,60; -llam + -elium:
vegille; -llam+-elium:concile +-illa:
conchile 32,41; -illa +-ilium:vile;
-illam + -elium:vile 40,5. ville 54,6;
+-°llam : vile.

imes (ismes).

1)-imen-s+-ipsimus:crimes, rïeismes 30,71.

2)-imus(?)+∞:fesimes, entrepresimes 50,271.

in.

-inem +-ino:fin 70,277 +-inum: fin 22,21 +∞:31,71; -ino+-inem: defin +-inum:adevin 52,48; -inum +-inem, ino:vin +∞:22,31. 29,21, 22(?) (s. Fexion). 52,133. 50,113. 60,47. 69,1.

inche.

-inciam+-incipem: provinche, prinche 61,12.

inches.

-incias+-incipes:provinches, prinches 30,18.

ine.

-iginem+-inam:orine54,157.58,174; -ina+-inam:11,223. 40,21. 46,164. 51,27. roine 69,7,63,88. 70,31 +∞: 46,31; -inam+-iginem, -ina +-inat: 60,59 +-inum:13,22. 50,7 +∞:9,9. 13,7. 17,41. 20,99. 30,97. 38,57. 61,27; -inat+-inam:60,60 (Coll. par quoi il set et adevine); -inam+-inam:termine.

inrent.

-inerunt + ∞: devinrent, tinrent 46,124.

ins.

-inos+∞:maserins, pelerins 10,111.

int.

-enit+-iginti:avint, vint 9,87 +∞: 22,1. 23,23. 25,9,27. 35,7. 41,59. 42,11. 43,201. 47,11. 50,1,191. 52,89. 54,1.

56,6. 58,195,221. 59,9. 61,37. 62,181. 70,225.

ique.

-ica+-icam:catholique32,18; -icam +-ica:apostolique +∞: 30,89.

iques, ikes (ites).

1) -icos + -icus:autentikes *(Coll.)* 5,119. cismatiques30,65; -icus+-icos: catholikes 5,120. catholiques 30,66 +∞: autentiques, catholiques 31,75.

2) -iqu(i)as +-ites:reliques, antiquites 8,13. 29,31(?). 50,195.

ir.

-ere + -ire:soustenir 7,77. 62,242. tenir 10,146. 50,84. acomplir 28,20. remerir 29,20. maintenir39,96.repentir 39,96. repentir 43,83. veir 46,127. 62,83. puir 48,56 +-*irum:veir 9,7. 43,168. 50,22 (für veoir) +∞: 30,101. 64,41; -c-ere+-ire:plaisir20,89.43,107 +-*irum:gesir 61,17. 70,55; -ire+-ere +-c-ere +-iro70,55 +-yrum20,30.40,98. 43,252 +∞: 13,41. 15,12. 20,5. 24,57. 32,49. 58,191. 70,23,123 +○: servir 8,66.oïr25,5; -iro+-ire:desir; -*irum -ere, +-c-ere:desir; -yrum + -ire: martir.

ire (irre).

1) c-eram+-icere:chire45,21; -enior +-icere:aire voc.26,30; -ereat+iram: mire 56,40; -ibere + -icere:descrire 9,156. escrire 39,93; -icere+c-eram, -enior, -ibere:dire +ira:53,98.58,119 +iram:48,43.50,279.53,59.58,33.62,61 +iram:27,60 +-irium31,77. 40,102. 45,7 +∞: 39,9. 61,59; ira+-icere: ire; iram+-ereat,-icere:ire +-icere: martire; -irium+-icere:martire.

20

trent (trrent, tasent).

2) -ègere+∞ :lirre, eslirre58,141; -*ece-
runt+-irunt: firrent 43,129; -iderunt
+-irunt: 15,93 (Coll.)28,42.37,37. 45,15.
50,261. 56,185. 67,59. 69,89. virrent
40,58. 50,208. 54,173. 58,117. 70,115
+∞ :rendirent,virent54,239; -*egerunt
+ -irunt : eslirent 37,17,33; -irunt
(iverunt) +-*ecerunt:fouirrent *(für*
fouissent(?), -*egerunt, -iderunt +∞ :
25,15. 26,71. 31,51. 46,113. 50,297.
54,91,239. 56,21,59,129.

tres.

-enior-s+-*irius:sires, martires 7,102.

ts.

1) j-aces+-icis: gis, dis 20,56.

2) -*aesum(k'as tuchi quis`+-ē(n)sem:
quis 47,31; -ectus s. +-itus: pis
28,57; -ectus + -*egio: eslis 37,28;
-*egio+-ectus:lis; -ē(n)sem+-*aesum:
pais +ensi:pais +-e(n)sos : pais
30,05 +-isum : pais 7,69 +-itos : pais
43,188 -itus:pais 50,3,53 +-ivos:
pais 13,57; -ē(n)si + -e(n)sem:apris
+-iptus:pris36,22; -ē(n)sos+-e(n)sem:
apris; -ē(n)sum+-iptus:pris 36,22
+-itus:apris 51,32. mespris 50,277
+∞: entrepis, pris 56,41; -cr-ētus
+-itus:seris 11,171; -icos +-icue:
anemis 28,97 +-issi:amis 41,51.
anemis 54,163 +-issos:amis 25,41.
65,43 +-issum:anemis 65,39; -icus
+-icos +-issi:amis 19,60 +-issos:
amis 9,116 +-issum:amis coc. 20,91.
24,20. 52,99,110. 53,39 +-issus:amis
50,145. anemis 48,29 (coc.) +-itos:
amis 11,30 +∞:47,33; -iptos+-itos:
escris 70,150; -iptus+-e(n)si +-istus:
escris 30,37 +-itos:escris 70,128,206;

-itos n. (s. *Flexion*) + -isum:esbahis
43,119; -isum+-e(n)sem +-itos:
Paris 70,11 +-itus:avis 70,241 +-iu-s:
Paris 14,9. Paradis 40,116. 46,61; -issi
+-icos, -icus:mis; -issos+-icos, -icus
+∞: 50,215(?); -issum+-icos, -icus;
-issus + -icus, -itus 26,08; -istus
+-iptus:Jhesucris; -itos + -e(n)sem,
-icus, -iptos, -iptus, -isum; -itus+-ec-
tum, -e(n)sem,-e(n)sum, -cr-etus, -isum,
-itus, -issus +∞:7,67,68(?). 28,79(?);
-iu-s+-isum:jadis; -ivos+-e(n)sem:
nais.

3) ies s. +-*ictos s.: dis, dis9,68. 45,24.

tse (tase, tce, tche).

1) -*aesam + -esiam:aquise 46,130;
-ē(n)sa+-esiam:reprise 35,33. aprise
69,45; -ē(n)sam+-esiam:prise 27,8.
entreprise 40,1 +-isam:aprise 29,2.
prise 43,230; +-itiam:emprise 5,58.
entreprise 42,34; -isis+-itia:eglise
50,237 +-itiam:eglise 32,25; -islam
+-*aesam, -e(n)sa, -e(n)sam: eglise
+-essa:15,7. 48,12. 52,4 +-isa 36,26.
50,231 +-isam:15,15. 53,53. 54,203
+-isat:41,61 +-*isiam:24,9. 54,77
+-isium:20,17. 30,19 +-issa:80,51;
32,36 +-issam 55,63 +-itiam s. *dort*
+-itium s. *dort*, essa+-esiam:assise;
-icium+-itiam:edefisse60,23. pontifice
36,13. offisse 46,41. juise65,41+-itium:
benefisse24,75. offiche 65,32 +-..?..:
opifisse, Brisse 29,44 +∞: offisse,
pontifiche 30,61. offise, pontifice 38,5:
-issa+-esiam:devise36,25. ochise50,232;
-isam + -e(n)sam:guise 29,10. devise
43,220 +-esiam:devise 15,16. guise
53,54. 54,204 +-itiam:guise 9,177;
-isat+-esiam:devise; -*isiam+-esiam:
bise + itiam:bise 70,90; -islam

+-esiam : Dyonise +issam : Dionise
20,117; -issa+-esiam:mise; -issam
+-esiam, -isium +-itiam : promise
55,88. 67,3; -itia+-esia : garandise;
-itiam + -e(n)sam : convoitise 5,57.
justiche 42,33 -esia : mescreandise
+esiam : franchise (?) 15,28. faintise
23,38. — 24,28. 43,128. 46,77,127. mes-
creandise32,97.36,17. garandise50,176.
couvoitise 51,36. convoitise 53,10.
amendise58,52 +-icium:malisse60,24.
avarisse 36,14. malisse 46,42. justisse
65,42 + -ianm:franchise +-°isiam:
faintise + -issam:amendise 55,87.
faintise 67,4 +-itium:faintise 20,73
+ ∞: faintise, mescreandise 51,41.
malisse,nequisse53,35; -itium+-esiam:
servise 8,106. 15,92. 46,72. 50,198.
51,11. 56,94,107. 58,88. 68,27. hospise
19,116 +-icium:propisse24,76. serviche
65,31 +-itiam:servise20,74 +∞:Sou-
plise, propise 50,39. propise, Souplise
50,295.
2) -éxeam+-issem+∞: isse, venisse
67,23.

isent.

1) *asserunt + -ixerunt : enquisent
59,113; -*öcerunt+-e(n)serunt:fisent
27,5 +-iserunt:fisent 32,93. 70,247
+-ixerunt:refisent 63,1; -é(n)serunt
+-*ecerunt:prisent +-ipserunt:prisent
36,9 +-iserunt:prisent46,117 +-ixe-
runt : reprisent 70,13; -ipserunt
+ -e(n)serunt : escrisent +-iserunt:
escrisent 55,86; -iserunt+-*ecerunt:
tramisent 32,94. entremisent 70,248
+ -e(n)serunt : misent + -ipserunt:
tramisent 55,85 +∞: 50,51. 54,181;
-ixerunt+-*asserunt:disent +-*ece-
runt:disent+-e(n)serunt:contredisent.

2) -étiant + -isiunt : mesprisent,
despisent 54,133.

ises (ieses, ices, iches, ines?, uises).

1) -ë(n)sas + -esias : prises 9,168.
43,249; -ësias+-e(n)sas:glises +-isas:
glises 17,39 +-itias:glises 46,101;
-icias+-icios:delisses46,115; -*icios
+-*icius:benefisses39,89 +-icias:vises
+-itius:edifises 60,33; -*icias+-icios,
ofises, offises; -icias:+∞: Simplises,
Felices 59,87; -isas + -esias:grises
+issas:grises62,24 (s. Flexion); -issas
+-isas:mises (s. Flexion); -itias+-esias:
franchises -+inas:malisses,offechines
60,30; -itius+-icios:propisses.
2) -escias(?)+-*icas,-*icus:niches29,17.
58,260; -*icas+-escius(?):riches; -*icus
+-escius: riches
3) -exeas+-*utias:iases, amenuises
47,36.
4) -isses+∞:veisses, desisses46,156.

isme.

1) -ëcimam+-∞: disme 5,61.
2) -ipsima+-issimum:meisme69,39;
-ipsimam + -issimum: meisme 70,79;
-ipsimum + -issimam: meisme 87,21
+ -issimum : meisme 42,20. 44,15;
-issimam+-ipsimum : saintisme; issi-
mum+-ipsima, -ipsimam, -ipsimum:
saintisme. Vgl. imes.

isse s. ise, isses s. ises.

issent.

-issent + ∞: 9,65,183,189. 10,147.
11,183. 28,73. 46,57. 50,171. 54,171.
68,15. 70,233.

ist (ust).

1) -aesit+-isset: quist 11,205. 49,3; -°écit ┃ -isit:fist27,31.50,79 +-isset:47,6. 58,242 +-istum:26,88 +-ixit 14,46 + ∞: 10,173; -ē(n)sit+-ipsit 7,33. prist +-isset 30,39 + ∞: 42,27. 65,59; -°ésit?+-isset: sist 50,87. assist 20,9 (Coll. für assit) 37,15; -ipsit+-e(n)sit, descrist; -isit+-ecit +-ixit20,98 +∞: 5,27. 6,35. (rist Coll.)11,217. 13,45. 29,47. 32,9. 39,115. 44,29. 65,5; -isset+-aesit, -ecit, -e(n)sit, -°esit(?) +-istum:14,60 +-ixit 19,141. 22,38 +∞:5,51,109. 6,11. 8,7,75. 9,41,149. 10,13,79. venist, repeust 10,81. — 14,51. 19,11. 20,113. 21,45. 22,33,65. 23,39. 31,29,41. 39,121. 40,93. 43,29,125. 50,109,123,165. 51,51. 52,119. 53,125. 54,177. 56,115,145,157. 58,13. 59,79. 65,15. 67,13. 70,219,237; -istum +-ecit, -isset +-ixit 24,46; -ixit +-ecit, -isit, -isset, -istum + ∞: 55,11,57. 56,71.

2) -iscit+-○: guerpist 8,65.

iste (istre).

-isti (für-istes) +-istri: tristre 62,130 +-istum: triste 10,162; -istri + -isti: menistre; -istum+-isti: Baptiste.

istes.

-istis + ∞: venistes, fesistes 50,65.

istres.

-istes+-istros : tristres, menistres 62,239.

it (ist).

-éctum ┃ -égit: lit 19,135 +-ictum: +-itum: despit 46,121. respit 48,38 +∞: 7,31 delit. 11,73. 54,29. 55,19. 58,107. 59,76. carlit (Coll. caelit s. Jahrb. X,294 XII.110). 62,171. 62,235. delit ; -égit+-ectum: lit (für list);

-icit+-itum: dit22,61 (für dist); -ictum +-idit: contredit 16,12 +-itum: 16,36 (dit für dist). amit 34,5. 43,231 +∞: 46,99. 53,21. 55,31. 56,127; -idit +-ictum: vit +-iti 27,55 +-itum 22,24. 24,17,34. 48,21; -iti + -idit; -itum + -ectum, -icit, -ictum, -idit +∞: 40,33.

ite.

-ectum+-itat: despite 43,105 + ∞: despite 59,7; -eticum?+-icta: herite 32,21 +-ipta: irite (Coll.) 32,91; -icta +-eticum +-itam: dite 28,39 ; -ictam +-iptam 10,50 +-itam 24,49 +-itat: 48,42; -ipta + -eticum +-itam: descrite34,40; -iptam+-iotam; -itam +-icta, -ictam, -ipta + ∞: 21,39. 59,51; -itat+-ectam, -ictam: abite.

ites s. iques.

-icitis+-itas: dites, merites 59,25.

itres.

-itres +-°italos: mitres, capitres41,26.

iu.

-ōcum ┃ ∞: liu, giu 27,36.

iue s. ic. iues s. ieres.

ius.

1) -iquos?+-ōcus: antius, lius 48,7;

2) -ivus + ∞: ententius, volentius 20,3.

ive (iue).

-iva+-iuvat: plentive22,49 +-ivam: vive 21,34; -ivam+-iva: olive +-ivat: vive16,34 +∞: 48,27; -ivat+-ivam: vive; -°iutam + -°iua: aive 5,121 +- .. ? ..: aive 13,51; -iuvat+-iva: aive; -°iua+-°iutam: piue; -.. ? ... +-°iutam: aive.

ivent (uevent).

-ipant + -ivant : arrivent 50,135;
-ivant + -*obant : cultivent 54,141;
+-ipant: vivent +∞:54,193; -*obant
+-ivant : truevent.

ivre.

-iberat+-ibrum : livre 70,276; -iberi
+-iberat +-ibrum : delivre 9,179. 51,1.
-iberum+-ivere : delivre 43,93; -ibrum
+-iberat, -iberi +-ivere 9,39. 34,37;
-ivere+-iberum, -ibrum.

òble.

-obili (für -obiles) + -opolim : noble,
Constantinoble 31,58.

òche.

*ocum(?) + -*occam : croche 55,76;
-*occa + -och(i)am : cloche 55,72;
-*occam + -ochiam : cloche 55,24,97
+-*ocam : cloche +∞ : roche, broche(?)
49,23; -och(i)am +-*occa : paroche
+-*occam : paroche, parroche (Coll.
perroche).

óe (oie).

-*awam (Diez) + -*utam : boe 57,13;
-iam+-*utam : voie 70,143; -*atam
+-*awam, -iam : gloe.

oel (uell).

-òculum+-òlo : oel (s. Jahrb. X,262)
weil 52,77.

òent.

-audant + -aud(i)unt : loent, oent
29,65.

òes.

-*abatas+-*autas : joes, poes 46,133 (?).
60,65.

oi.

-apio+-e : soi 58,130; -aucum+-etum :
poi 28,75; audi + -ede : oi 27,29;
-ē+-idem:soi 5,37. 28,29 +-igium :
moi 26,22 +-apio : soi; -ēde+audi :
croi; -edum+-egem : conroi 11,233;
-egem+-edum : roi +-igium : loi 9,34.
33,9. 46,4 63,10. 70,89. roi 5,7. 9,59.
32,19. belloi 34,15. 50,213,264. 53,115.
-etum+-aucum:coi +-id:quoi 11,169;
-id+-etum : quoi +-idem : quoi 10,158;
-ide+-igium : voi 10,18; idem+-e,
-id : foi +-igium : foi 42,25. 52,118.
69,29; -ideo+-igium : voi 24,1. 37,26.
58,145; -igium+-e, -egem, -ide, -idem,
-ideo : Eloy.

oide.

-odium(für-odius)+-igidi : Galeboide,
roide 28,24.

oie.

1) -aedam + -etam : proie 9,81;
audiam+audiat 9,206. 15,38 +-ia :
67,2 +-iam 18,14. 26,44. 27,49. 43,98.
50,26(?). 52,22. 54,238. 56,188. 58,198.
59,117. 66,16 +-ideam : 43,86 +∞ : 9,5.
62,233; audiat + audiam +-iam :
oie 15,37 +-ica : oie 65,34; -etam
+-aedam : monnoie +-ideat:soie 11,25;
-ia + audiam : envoie +-iat 51,17;
-iam+audiat +-ideam 43,97. 64,27
+-igiam 32,65 +∞ : 13,16. 51,33;
-iat+-ia : avoie; -ica+-audiat:otroie;
-ideam+-audiam,-iam; -ideat+-etam;
-igiam+-iam : coroie.
2) -ebam (bzw. für -abam)+∞:6,5.
19,39. 59,93.

oient.

1) -ebant(für-abant)+-ebant(2.lat)

9,61. 17,24. 21,33. 24,56. 32,48. 40,52.
41,49. 42,38. 43,27,49,71(?). 50,141,159.
54,34 +-ebunt(3.*lat.*) 10,9,26. 15,67.
24,69. 30,75. 34,32. 43,117,191. 46,167.
50,179. 54,46,85. 56,23,124(?). 62,53(?),
168. 70,9,37,147 — (trouvoient *für* trou-
verent, rafuoient *Coll.*) 189. — 212
+ -iebunt : 9,70 (aunoient *Coll.*), 99.
8,116(?). 17,2. 46,160 +∞: 10,183.
11,147. 13,73 25,3. 32,73. 40,91. 46,37
49,23. 59,19. 62,99. 64,7. 70,141;
-ebant(2.*lat*)+-abant +-ebant(*cond.*)
58,137 +-ebant(3.*lat.*): 8,121.9,79,185.
10,103,150. 11,70. 19,76. 23,51 (acou-
roient (*für* acoururent). 40,25. 46,50.
50,118. 53,107. 70,223,237 +-iebant
13,85. 15,62. 19,106. 46,151. 50,19.
54,10. 58,204 +∞: 10,135,143. 19,97.
24,89. 43,185. 50,203. 54,43. 58,5. 62,99;
-ebant(*cond.*) +-ebant(2.*lat.*) + -iant
7,49 +∞:14,7. 31,47. 43,135. 54,61,191;
-ebant(3.*lat.*) +-abant, -ebant (2.*lat.*)
+-iebant 11,87. 19,56. 64,4 +∞: 8,41.
50,179(?). 62,59(?); -*iant + -ebant
(*cond.*) soient; -ebant (*für* -iebant)
+-abant, -ebant(2.*lat.*), -ebant(3.*lat.*)
2) edunt + -Idunt:croient, voient
54,27.

oieu.

1) -ebas+∞: 70,175,197.
2) -*ias + -*deas : soies, pourvoies
65,35.

oigne, oine (ongne).

1) -ignat+ -undiam:resoigne 58,190.
-ongat(?) + -undiam: proloigne 60,62;
-undiam+-ignat:vergoigne +-ongat:
menchoigne +∞: Bourgoigne, ver-
goigne 59,15.
2) -önael + -onium : moine 53,57;

-önaoum+-oniam:moine 9,32; -öniam
+ -onacum : Guscoigne +-*unjam:
carongne 7,41. Saissoigne 9,53; -önl-
um + -onaci:putremoine; -*unjam
+-oniam: besoigne 7,42. essoigne 9,54.

oines.

-önacos+-oneus:moines13,59 +-*öniua:
moines50,96; -oneas+ -onacos:aoines;
-*önius +-onacos: patremoines.

oing.

-*unja +∞: 10,169. 52,81. 56,169.
58,151,253. 65,9.

oir.

-ere +-öre (*für* -öre) 6,13. 14,43.
39,57 (avoir *für* avoit). 50,49. 51,37.
53,23,44. 54,169. 55,33. 59,91. 63,21.
70,70 +-erum:8,40. 11,222 +∞: 9,75,
91.117. 10,45. 11,185. 19,23.30,5.52,61.
62,169,227. 63,25. 69,41; -ere (*für*
-öre)+-ere +-erum20,64 +∞: 22,19.
62,95; -erum+-ere, -öre (*für* öre):
voir.

oire (oirre, oise, oivre, ore).

1) auseam+-Itrum:noise, tounoire
15,71.
2) edere + -iterum:croire 58,24
+-oriam 8,82. 19,139. 30,2 +-orium
40,87; -erat+-orium:espoire 59,41;
-eriam + oriam : foire; -ipere
+-oriam:dechoivre 24,98; -Iterum
+-edere:prouvoire +-orium:prouvoire
55,2.58,2; -öream+-oriam:marmoire
50,153 +-orium:istoire 28,34 (*Coll.*
istore); -öria +-oriam:istoire 18,4.
34,41. 43,255 +-orium:istoire 11,91.
memoire 41,36; -öriam+-edere, -ipere,
-orea, -oream, -oria +-orium:9,2,53.
20,50. 34,30. 40,73. 45,3.53,1 +∞:8,1.

7,107. istore 15,45. 31,73. 38,33. 40,85.
62,205. 70,279; -orium+-edere, -erat,
-iterum, -orea, -oream, -oria, -oriam:
tempoire, dormitoire +∞: oratoire,
dormitoire. 14,13.

3) -ibere+-iter *s.*: boire, oirre 22,13.

oires (ores).

-iteres + -orios : prouvoires   9,164;
-örias+-orios: memoires 23,3.   50,194.
fossoires(?) 28,28.   43,116   +∞: 45,27
estoires 28;   -orios+-iteros, -orias.

ois.

• -*ausjum+-etus : cois 70,93   +-ex:
cois 38,7;   -ectos+-ex : endrois 12,6
+-igitos: endrois 21,35; -eotus+-igius:
drois 43,206   +-ucem: drois 20,96;
-ēdis+-ides: crois 20,54; -ēges+-igius:
lois 56,99; -*ēgus(?)+-ocem: renois *voc.*
54,80;   -ē(n)sem + -ex : mois 38,26
+-igius: Noiemois (*Coll.*) 39,2. 59,54;
-ē(n)ses+-igius: mois 57,19. vilois 14,67.
44,46.52,12.54,219 + -ipsum: Franchois
30,27. 35,19;   -ē(n)sum + -icem: defois
36,2   +-ices: 69,65   +∞: 5,45;   -ēs
+-icem: trois 10,61;   -etus+-ausjum:
cois;   -ēx+-ausjum, -ectos, -ensem:
rois   +-icem: 28,8   +-igius: 6,9. 13,1.
32,38. 35,13. 56,99;   -ïcem+-c(n)sum,
-es, -ex: fois   +-ides: 10,123. 39,114
+-idus: 39,103   +-igitus: 30,105. 35,32
+-ites: 24,59;   -ïces + -e(n)sum: fois
+-ides 43,60   +-igius 41,29   +-oces
48,20;   -ictus + -igius: beneois 42,1;
-ïdes+-edis, -icem, -ices   +-igius: fois
35,92;   -*ïdus +-ustjus: effrois + -icem:
trois;   -ïgitos+-ectos: dois;   -*igius
+-ectos, -ectus, -eges, -e(n)sem, -e(n)ses,
-ex, -icem, -ices, -ictus, -ides: Eloys
+-ix: 11,3   +-ocem: 15,96.51,30 +-oces:

50,268;   -ïpsum (?)+-e(n)sed : stichois;
-ïtes+-icem: sois;   -ix+-igius: nois;
-ōcem+-egus, -igius: vois; -ōces+-ices,
-igius: vois;   -ōcus + -ectus: orois;
-*ustjus (?) + -idus: escrois 15,73.

oise.

-auseams.+-e(n)sat: noise 70,97 +-is-
cam: noise 23,49. 56,33   +- ..? ..:
noise, voise 62,98. 64,21;   -ē(n)sam
+- ..? ..: despoise, voise 65,70;
-ē(n)sat+-auseam: empoise;   -*iscam
s. +-auseam: harnoise.

oises.

1) -*ausjas(?)+-*prs. c. 2. sg.*: coises,
voises 62,155.

2) -*osias+-*itias: pugoises, richoises
43,88.

oit.

1) -ēbat (*für* -abat) + -ebat (*2. lat.*):
6,14,22. 8,68. 9,21,171,174,199. 10,23,
76,87,123,187. 11,101(?). 12,31. 15,39,50.
16,8. 19,31,99. 20,14,28. 22,18,64. 29,35.
30,64. 38,20. 39,78,81. 43,152. 48,6,47.
49,34. 50,128. 51,8,50.52,2,8.54,35,51,57,
158. 55,9,20. 56,172. 58,26.62,137. 65,46.
69,53. 70,75 +-ebat(*cond.*)11,41 +-ebat
(3. lat.) 8,85. 9,44. 10,58,100,109.
11,63,67,115,137. 12,35. 17,9. 19,54,102.
28,1. 30,55. 31,89. 33,7. 37,10. 39,66.
43,74,158. 46,143. 48,50(?). 50,161.
51,46(?). 53,65. 65,100. 56,28. 59,55,68.
61,6. 69,69,73 + iat: 7,45 +-iebat: 8,91.
10,60. 19,22. 27,14. 29,57. 43,175,196.
50,38. 52,16. 53,5,127. 58,209 +-odiet:
56,35.   +∞: 8,107. 9,15,77,85,129,169,
175. 10,29,77,87,91,105,193. 11,61,67,
75,111,155,193. 16,19. 18,19,29. 19,47,
69,73,113,133. 20,81. 24,13. 28,93. 29,11.

30,67. 32,61. 33,3. 35,27. 40,77. 43,247.
44,7. 46,35,131,161,171. 47,19. 50,119.
53,31. 55,49. 56,3,19,31,143. 58,9,231.
59,77,107. 62,63. 68,9. 70,151,213 +∞:
32,81; -ēbat(2.*lat.*)+-ebat(*cond.*) 43,70
+-ebat (3. *lat.*) 5,68. 7,57. 8,10,33. 9,28.
10,191. 11,158. 13,83. 14,36. 19,119.
20,44. 21,9,13. 22,11. 23,1. 26,11. 28,4.
39,91. 41,37. 43,19. 46,165. 50,36. 52,5.
54,13. 55,22. 56,163. 58,133,217,240.
60,58. 61,21. 62,31 +-icitum 32,28.
+-idit 55,30 +-iebat: 5,94. 9,143. 10,2,
3,137,154,195. 11,60. 12,7. 15,49. 17,6.
23,8. 26,2 34,3. 39,59. 40,23. 49,39. 53,12.
58,42 +∞: 9,47,209. 10,117. 11,81,97.
13,5. 19,65,79. 21,3. 23,21. 50,241.
52,17. 55,5. 56,139. 58,91,155. 70,235;
-ēbat (*cond.*) + -abat, -ebat (2. *lat.*)
+ -ebet 20,48 ı ∞: 5,11,41. 6,37.
7,9,51. 9,187. 12,17. 15,35. 43,31. 54,97.
55,51. 58,169,219. 61,25,31. 62,33,125;
-ēbat(3. *lat.*) + -abat, -ēbat ı-ebat
(*cond.*) 14,49 +-ectum:38,7 +-idit:
20,52 +-iebat: 8,117. 58,175. 67,55
+∞: 5,67. 9,145. 10,95. 11,97,133. 12,11.
19,13. 25,7. 54,17,95. 56,55,165. 58,17;
-ēbet+-ebat(*cond.*)doit; -ectum+-ebat
(3. *lat.*) endroit; -ēdit+-ebat (3. *lat.*):
croit; -*iat ı-abat:soit; -ioitum
+-ebat (2. *lat.*): soulloit; -idit +-ebat
(2. *lat.*): voit; -ebat (*für*-icbat)+-abat,
-ebat (2.*lat.*), -ebat (3.*lat.*) ı∞: 7,71.
9,93. 11,149. 15,25; -*odiet +-abat:
anoit.

2) -ictum+∞: destroit, estroit 58,235.

ōle.

-abola+-olam: parole 54,117; -abo-
lam+-olam: parole 54,83. 56,68. 62,161

+-ollem: parole 53,79. 56,58; -olam
+-abolam: escole 54,84. 56,67. 62,162
+-ollat: escole 29,8; -*olam+-abola:
carole 54,118; -*ollat+-olam: afole;
-ollem *f.*+-abolam: fole; -ollem (*für*
-ollis) +-abolam: fole.

ōlent.

-abolant+-*olant: parolent, carolent
54,22.

ōleʍ.

-abolas+-olles: paroles 58,13 +-olles
f.: paroles 40,30; -olles + -abolas:
foles; olles *f. n.*+-abolas: foles.

oin *s.* on.

ombe (umbe).

-umbam+-umnam: tombe, columbe
43,240 +∞: Columbe *n.*, tombe 29,25.

omme (ome, onne, oume).

-agmam + -ominem: somme 49,31.
58,233; -*agmat+-ominem: asomme
58,68; -ōma+-ominem: pomme (*Coll.*
poume) 54,42. pome 56,182; -ōmam
+-ominem: Romme31,59.54,3 +-omini:
Romme 30,31,74,100. 31,3. 32,1. Roume
70,113 + -ummam: Romme 30,87;
-ōminat + -ominem: nomme 47,14;
-ōminem + -agmam, -agmat, -oma,
-omam, -ominat +-omnum: 8,24.
11,153. 19,128. 77,51 +-ona 10,190
ı-ummam: 8,43. home 39,12. — 47,24.
52,41. 68,14; -*ōmini (*für* -ōmines)
+-omam +-omnum 11,109 +-ummam
54,234; -omnum+-ominem, -omini:
somme; -ōna + -ominem: personne
(*Coll.* persoune); -ummam + -omam,
-ominem, omini.

ommes (omes, onmes od.
oumes, ames).

-amus *(für* -amus, -ēmus) +-omines
41,19 +-unius: habitomes10,165. 66,12
+∞: aioumes, velloumes 10,51. avon-
mes, savonmes (*Coll.* oumes) 46,1. —
50,269. 53,133. 54,109. 61,1. disoumes,
devisoumes62,81.—63,19, parderoumes
36,—47,53. 64,7. 70,95,167; -ōminas
+ -omines : dames 17,44 -ōmines
+-amus, -ominas; -umus +-amus:
sommes.

on, om.

1) -ōmen + -omo(?): non 56,136 (*s.
Flexion*), renon 8,110. -onem: non 60,2
+∞:32,71; -ōmo +-omen, -onem:hom
5,65. 7,2. 8,36,109. 11,10.24,4. on 5,103.
7,27. +-ummum : hom 49,67; -on
+-onem : non 50,135. 58,161. 60,1;
-ōnem+-omen, -omo, -on +∞: 6,27.
7,17,59. 8,125. 9,57,127,157,181. 10,21,
31,185. 11,31,129,159,191,207. 13,75.
14,27. 15,19,31,41. 16,25. 17,7,19. 18,7.
19,15,41,67,95,137. 20,1,11,39,61,85.
22,3 (maison *für* afaire). 24,29. 27,19.
30,49,79. 31,65. 32,75. 34,23. 36,31.
37,19. 38,1,39. 39,19,39,63,105. 40,3,17,
75,99,109. 41,5,23,41. 43,1,33. 44,27.
48,37,65. 49,25. 50,41,239,253. 52,125.
54,139,167,225. 55,25,69. 56,1,13,43,167.
58,53,77,157,205. 59,1,3,5(?). 62,11,105.
63,39,43 67,45,57,81. 70,203; -ōnum
+-unde: bon 5,9; -unde+-onum: mon;
-umbum +-ummium: plum 15,17; -um-
mum+-omo, -umbum: som.
2) -ōnum +∞: 13,11. 14,73.

onde.

1) -unda +-undam *adj.* onde 51,22;
-undam *adj.* +-undu: monde.

2) -undi + -undum:monde 50,63;
-und(i)am +-undum : faconde 9,154;
-undum+-undi, -undiam : monde *s.*
+∞: 67,5.

ondre.

-ondre+○: respondre 68,177.

onne (one, oune, oine).

-ōna +-unnam: boine (*Coll.* boune)
52,46 +-onam : bone 7,93; -ōna
+-onam: persone 42,43 (*Coll.* oune);
-ōnam (*bzw.* -ōnam) +-unnam : nonne
52,83. personne52,115 +-ona:couronne
(*Coll.* -oune) +-onat : boine 5,31.
personne (*Coll.* persoune) 19,156.
persoune 47,7 +∞: couronne, bonne
(*Coll.* -oune) 8,101. personne, bonne
10,85. personne (*Coll.*-oune), bone24,5.
persoune, Caracasoune 58,44 +○:
couroune59,61; -ōnat+-onam:foisonne
(*Coll.*-oune) 5,32. reguerredonne19,155.
donne 47,8 +∞: donne, foisonne
10,201; -*unnam + -ona, -onam:
toune.

onques.

-unquam-s+∞: 43,177. 70,85.

ons (oms).

1)-amus(für-ōmus)+-onem-s:taisons
61,49 +-ones:arons70,91 +∞:5,17;
-ōmo-s + -ones : hons 7,40. homs
11,117; -ōnem-s+-amus +-ones:8,30.
13,64. 32,12. 51,14. 62,117 +∞:6,3(?).
7,85.11,139.19,57.31,63.38,13.40,83(?).
43,15. 51,53. 66,14; -ōnes + -amus,
-omo-s, -onem-s:8,29f., +-umbus58,33
+∞: 9,101,107 (d'oisons *für* dois-ons
s. Einl. S. 4). 18,9,13. 10,15,23. 28,21.

82,3,55,63. 87,51. 38,21. 40,79,107.
41,11. 50,9,23. 54,31. 59,5; -ongos
+-umbus: lons 11,7; -rambus+-ones,
-ongos: coulons.

2) -önos+-onus: dons 11,240 +∞:
7,81; önus+-onos: Bretons.

3) -ömen-s+∞: 5,123.

ont.

1) -*abant + -ant: ont, sont 14,55.
39,42 +∞: 7,99. 10,179. 11,201. 61,65.
70,281.

2) -önet + -undum: semont, mont
62,153.

onte.

-*aunitham + -ontat: honte 59,38;
-omputat+-ontat: raconte 5,40; -*ontat
+-*aumitham, -omputat: monte.

or.

-aurum+∞: 5,23. 8,87. 11,57. 13,19.
25,13. 29,37. 41,43. 58,251.

orde.

-ordat + -ordiam : recorde 62,20;
-ord(i)am+-ordat +-orridam 58,265.
misericorde +∞: 46,63; -orridam
+-ordiam: orde.

ore (oire).

oram+ -(?) Ausruf: encore, aioire22,45
-+∞: 17,21. 28,69. 54,211. 56,89.

orent s. urent.

ors.

1)-aurus+-orpus: tors 23,48; -*ordus
+-orpus: recors 43,237; -öris+-orpus:
dehors7,12.58,228. fors47,45. 48,52. hors
23,58.43,80 +-ortes:fors50,217; -*ornos
+-orpus : cors 70,130; -orpus+-aurus,
-ordus, -oris, -ornos: cors +-ors: 58,264;

-ors (lat.) + -orpus: misericors +○:
misericors 19,45; -ortes+-oris: effors
+-ortis: effors 60,28; -ortis+-ortuus:
fors 59,24.; -ertuus+-ortis: mors.

2) -*orpus+-ortuos: cors, mors 2814.

ort.

-ortem+-ortuum: mort58,125 +∞:
50,45.

os.

-ausum+-ossos: enclos: gros 44,17.

ose.

-ausa+-ausam: cose 49,62; -ausam
+-ausa: chose, -ausam: cose 65,63
+-ausat: cose58,32; -*ausam+-ausam;
repose; +-*ausat+-ausam: cose.

oses.

-ausas+∞: choses, encloses 58,135.

osne.

-*onam +-osinam: ramprosne, aum-
mosne 22,10. ramprosne, aumosne
50,308.

ost.

-ostem+-*ostum: ost, acost 31,12.

ot, eut (cf. ut).

-abuit+-acuit: ot 8,98. 20,115. 27,25
+-otuit: eut 16,24. ot 26,20. 30,69.
50,170 +-uttum: ot 7,22; -acuit
+-abuit: plot +∞: 50,287 pleut;
-ötuit+-abuit:peut16,23. pot; -*uttum
+-abuit: mot.

ote.

-ötam+○: idyote 51,43.

otes.

-octus+-*attus: flotes, cotes 9,71.

ouche (ouque).

-°ōllocam s. + -ōccum s. : couche, chouque 59,71.

oule.

-ēlam+-ā̆llat:goule, saoule 65,25.

ouple.

-ōpula + -ōpulat : couple, acouple 62,143.

our (or, eur).

-ōrem+-ori, confessor 14,91. 56,88 +-urnum 8,51. 10,171. 28,84. 43,180(?). 49.21. 51,6. 56,185. 67,79 +∞: peur (pavorem),pueur7,53.—11,85. Segneur, gregneur 11,189. segnor, gregnour 13,49. — 15,23. 24,25. 43,173. 49.69. 54,175. seignor, gregnor 62,237. — 65,53; -°ōri+-orem +∞: ancisseur vavasseur 50,11; -°urnum + -orem +-urrum 50,43 +∞:9,217. 11,79,192. 19,101. 28,43. 51,5; -urrem+-urnum: tour.

ours (eurs).

1) -ōres+∞: fleurs, milleurs 11,99, oiseleours, jongleours 39,48.

2) -°urgos+-urrus:bours 34,7 +∞: 46,4; -°urrus s.+-urgos:rebours.

3) -°urnus+-ursus:retours, secours 70,188.

ous.

-ōtos+-ultos:treatous, estous 53,19.

out.

-ōti+-ulti:trestout, estout 50,75.

oute.

-ōta+-ubitum:toute47,1 +-ultum: toute 68,24. 70,46; -ōtam+-ubitum: toute 12,29. 62,194; -ubitum+-ota +-otam +-utta:doute43,219 +-uttam:

doute 40,49; -ultum+-ota:tumoute; -uptam +-uttam:route 26,16; -utta +-ubitam, -uptam:goute.

ovres (offres, ofres).

-auperos+-°effnos:povres, coffres, cofres 58,245. 70,186.

u.

1) -ōcum+-uit:fu 16,6. 33,12. 58,212.

2) ā̆ti + -utum:keu 70,193. rendu 69,52. venu 20,83. 23,54; -ōtum+-uti meuken 70,194; +∞:52,33,34 beu 55,55. eu, escommeu 56,45. apercheu, veu:60,25. 67,27.

ue.

-ūcat + -uta:menjue (Coll.) 70,269; -ūdam+-uta:nue 58,50.65,3. +-utam: nue 11,83. 69,58; -ū̆gam + -utam: rue 68,20; -ūta+-ucat,-ndam +-utam 39,76. 62,75,110. 69,25 +∞: 54,217. 70,153; -ūtam+-udam, -ugam, -uta +∞: 22,7. 47,25. 67,15.

euc, uec.

-ōc+-ōco:aveuc, iluec 22,29.

uel (oel).

-°ōli+-olum:orguel 11,37; -°ōlum +-oli:esquel +-ōlum:voel, poignuel 50,143. s. oel.

uellent.

-°ōliant+-olligant:orguellent, aquellent 39,61.

uelles (velles).

-°ōllas+-olligas:velles, aqu iiles63,46.

uer.

-er obl.+-orro:cuer 46,96 +-orum: cuer 23,17. 49,47. 50,113. 70,261;

-orro(?) + -or: puer; -örum + -or:
fuer.

ues.

1) -*ûbas *s. ₊-ugas: nuce, rues 70,160.
2) -ûtas + ∞ : menues, kenues(?)
46,149.

uet.

-*ötet₊-*öpet(?): puet:estuet 20,69.
uevent s. ivent.

ui.

-uic₊∞: 9,139. 20,35. 23,29. 32,51.
34,1. 35,13. 53,37,123. 58,37. 62,259.

uide (uide).

(v)ïdua ₊-uidium 46,139; (v)ïduam
₊udium 29,5; -ödium₊-ïdua,-ïduam:
estuide.

uient.

-*ödiant₊-üeunt:apuient,souduient
(Coll.) 54,208.

uire.

1) -*ûcere(?)₊-*oriat:destruire, muire
50,229.
2) -ûcere ₊ ○ : entroduire 65,17.

uis.

-*öbo-s + -uctus:truis 9,30 +∞:
contruis, truis52,49; -ögo-s(?)₊-uctus:
ruis 56,75; -uotus + -obo-s:estruis
₊-ogo-s: fruis.

uissent.

-uissent₊∞:fuissent, peuissent 19,29.

uist s. ist.

-uxit₊∞: 46,19.

uit (uoit).

(v)-iduum ₊-octem: wit59,66; -octem
₊-iduum:nuit +odiet 11,106. 60,17;
-*odiet₊-octem:anuit.

uite.

-uotam₊∞: 40,11.

ume.

-*äma ₊ -umam: enquitume 57,18
₊-umen:coutume 34,50; -*ämam
₊-uma:coustume; -ûmen + -uma:
volume.

umes.

-uimus₊∞: fumes, recheumes 38,25.

un.

-ûnum₊∞: 21,11. 26,13.

une.

-ûna ₊ -unam:7,36.69,50 ₊∞:5,47.
68,7; -ûnam₊-una ₊-unat 70,267
₊∞: 21,47; -ûnat ₊-unam:geune,

ur.

-örem + -ürum:peur, seur 54,185.
60,16.

ure.

1) -ûra₊-uram 9,109,121. 16,1.39,108.
42,6. 43,9. 47,3. 49,29. 51,48. 52,24.
55,28. 63,18. 67,50. 70,106 +∞:
62,37,225; -ûram₊-ura ₊∞:8,71,89.
9,35. 10,53. 11,1,65,135,151. 14,53.
5,69. 1 19,37. 20,105. 22,53. 25,31.
28,47,51. 39,13,53. 43,41,193,233.46,27.
47,29. 50,61,221. 51,9. 52,79,87. 53,27,
49,129. 54,179. 59,73. 61,38. 62,13,39,
219. 63,18. 64,31. 67,9. 70,145.
2) ûrat₊-ur(i)am:dure, luxure7,55.

urent (orent, eurent).

1)-abuerunt₊-acuerunt:eurent43,213.
56,119 ₊-apuerunt : orent 28,85;
-acuerunt₊-abuerunt:pleurent43,214.
teurent 56,120; -*apuerunt + -abu-
erunt : sorent ₊-ebuerunt : seurent
50,202; -öbuerunt₊-upuerunt:durent;
₊-otuerunt:durent (für doit), peurent
32,100.
2) -*ibuerunt₊-uerunt: buerent52,59,
140; -*ipuerunt + -uerunt:rechurent

41,33. 44,36; -*ovuerunt+-uerunt: connurent 62,174; -uerunt+-ibuerunt, -ipuerunt, ovuerunt, +∞ :15,53.42,227. 50,209. 60,73.

ures.

-ūras+∞ :11,13.13,81. 15,43. 50,155.

urs.

·ūrus+∞ : 13,29.

us.

1) -o(r)sum+-u(r)sum : jus, sus 8,44.
2) -ullus+-utus: nus 28,60; -ūtos +-utus 60,44 +∞ : 24,65 (s. Einl. S. 3) 27,47; -ūtus+-ullus, -utos +∞ :52,51.
3) -ūs+-ūsus: plus, us 32,59.

use, unse.

-*onsa+-ūsa : repunseadj., use 52,107.

usse.

-ūissem+∞ : deusse, peusse 67,11.

ussent.

-ūissent +∞ : 10,71. 32,95. 70,65 +∞ : 70,71.

ust.

-ūisset+∞ : 5,95. 7,7. 9,63,111,161. 10,107,129. 11,35,163. 13,33,87. 14,21. 15,33. 19,3,7,83. 23,41. 26,7. 28,9,61,65. 32,53. 34,13. 36,3. 40,81. 49,51. 50,57. 129,151. 52,55,121. 53,15. 54,67,71. 58,95. 59,33,59,83. 60,5. 61,19,23. 62,247. 65,49. 69,33,81. 70,103,195,217.

ut (cf. ot, eut).

1) -acuit+-ipuit: jut 52,131 +-ovutum jut 24,41; -*acutum+-ovutum:jut 29,41; -*ipuit + -acuit: perchut +-iputum : rechut 10,198; -*iputum+-ipult:dechut; -*ovutum + -acuit: plut +-acutum : remut.
2) -ebuit+-*ibutum : dut, but 49,18.
3) -*ibuit+∞ : but 52,57.
4) -uit+∞ : 30,15. 56,189. 69,21.

Vocalismus.

Lat. *a*.

1) = franz. *a*.

1. a^e s. germ. a^e; = a^{ee}: a 2 (*la, va, ja*: lat. *-avit*), *ache* (*effi-casse:grasse*), *ul* (*general*:*entre-val*), *ales* (*sodales*:*bailes*), *at prelal* : *bat*); = a^{ee}, $*a^{ee}$: *age* [*aige*] ¹) (*sarcofage*: lat. *-aticum*: *saye*).

2. $*a^e = a^{ee}$: *ades* (*Flavades*: *rades*).

3. Germ. a^e = lat. a^e: *ale* (*sale*:*male*).

4. a^{ee} s. u^e, $*a^e$, germ. a^{ee}; = $*a^{ee}$: *acre*(*diacre*:*machacre*); *ages* (lat. *-aticus* :*sayes*) = ∞: *a* 1ᵉ), *able* 1, 2, *ables*, *aches* 1,2, *acle*, *ars* 1, 2, *as* 1, 2, 3, *assent* [*aissent, uisent*]¹), *atre, ast*.

5. $*a^{ee}$ s. a^{ee}, germ. a^{ee}; =∞ :*ape*.

6. Germ. a^{ee}=lat. a^{ee}, $*a^{ee}$: *art*; =∞: *arde*.

2) = franz. *a*ₙ.

7. $a^e = a^{ee}$, $ĕ^e$, $ŏ^{ee}$: *ame* (*fame, lame:ame*); =∞: *an* (*gullikan, popelikan*).

8. a^{ee} s. a^e; = e^{ee}:*ans* (*grans*); = $ē^e$, $ŏ^{ee}$: *ames* [*emmes, emes*] (*ames*); = $*e^{ee}$ (*demande*); = $*a^{ee}$ (für e^{ee}):*ant* (*avant*:*seant*); = $*a^{ee}$: *unche* (lat. *-untia*: *Franche*),*ans* 2 (*commans*:*rou-mans*); = ∞: *ambre* (auch in *tabem?*), *ange, anges, angles, ans* 3, *ante*.

9. $*a^{ee}$ s. a^{ee}.

= franz. *ai*.

10. $a + e = \overset{.}{a} +$ compl. gutt. (*gr*): *air* (*air*:*flair*); = $a +$ compl. gutt., (*c'r, g'r, h'r*), a^{ee} (*dr*), a^e (germ. u. lat.) + attr. *j* (urspr. e^r, i^v): *aire* (*aire*: *faire* : *Biaucaire* : *haire* : lat. *-arium*).

---

1) Die Schreibart *fai-je* (= *facio+ego*), welche nur einmal LVI 74 in der Bindung mit *-age* vorkommt, rührt vom Copisten her; der Dichter sprach jedenfalls *-age*, da auch Formen wie *-ege, -eige* im Texte nirgends vorkommen s. Chev. a. d. esp. p. XXXIII. Ebenso sind wohl die Lesarten *-aissent, -aisent* dem Copisten zuzuschreiben.

2) Die 3. sg. fut. ist auffälligerweise nicht mit *-abet* prs. und den übrigen Werthen gebunden.

11. $a+i = a +$ compl. gutt. (x): ais 3 (lais: eslais); $= a +$ gutt. (h), *$a +$ attr. j (urspr. i^v), $a^c +$ attr. j (urspr. e^v): ai 1 (lai: trai: *delai: lat. -abeo).

12. $a +$ gutt. s. $a + i$; $=$ $a^c +$ attr. j (urspr. e^v) : aies (traies : aies); $= a^c +$ attr. j (urspr. iv): ais 1 (pais: palais); $=\infty$: ai 2, aie.

13. $a^c +$ attr. j (urspr. e_v, i^v) s. $a + e$, $a + i$, $a +$ gutt., germ. $a^c +$ attr. j; — (urspr. e^v) $= *a^c +$ attr. j (urspr. i^v) : aise 1 (fournaise: *malaise), aise 2 (pluise: *uaise); $=*a^{cc}+$ attr.j (urspr. i^v), germ. $a +$ compl. gutt. (h'l), lat. *$u +$ compl. gutt. (c'l) : aille (paille: *braaille: *touaile: *maille); $=\infty$: aises.

14. a) *$a^c +$ attr.j, *$a^{cc} +$ attr. j s. $a^c +$ attr. j;
  b) *$a^c +$ attr.j (urspr. i^v) $= \infty$: aises.

15. Germ. $a^c +$ attr.j (urspr. i^v) s. $a + e$; — (urspr. i^c) $=$ a^c u. $a^{cc} +$ attr. j (urspr. i^v), $a +$ compl. gutt. (c'r): aires (*waires: lat. -arius: repaires: affaires).

16. a) a und *$a +$ compl. gutt. s. $a + e$, $a + i$, $a^c +$ attr.j, germ. $a^c +$ attr. j;
  b) $a +$ compl. gutt. (ct)

$= \infty$: ait, aite; — (c's, g's) $= \infty$: ais 2; — (ct, sc) $=\infty$: ais 3; — (e't, x) $=\infty$: aist.

17. germ. $a +$ compl. gutt. s. $a^c +$ attr. j.

18. a^{cc} (dr) s. $a + e$.

19. $a^{cc} +$ attr. j s. germ. $a^c +$ attr. j.

4) $=$ franz. ai$_n$.

20. $a^c = *a^c +$ attr. j (urspr. i^v): aines 1 (lontaines: *Giretaignes?); $= \bar{e}^c$: ain (main); $= \bar{e}^r$, $\bar{r}^r$, i^o ($+ i^v$), oe^c: aine (humaine); $=$ germ. lat. $a^c +$ compl. gutt., $a^{cc} +$ attr. j (urspr. e^v) (ains s. S. 7), $\bar{r}^r$, $i^c +$ compl. gutt.: ains 1 (mains: sains: germ. mains: ains); $=\infty$: aim, aint 3.

21. $a^c +$ attr. j. (urspr. i^v) $= a^c +$ attr. j (urspr. e^v), germ. $a^{cc} +$ attr. j (urspr. i^v) : aigne 1 (compaigne: ouvraigne: *engaigne); $= *oe^c$: ains 2 (compains: *Oains).

22. *$a^c +$ attr. j s. a^c.

23. germ. $a^{cc} +$ attr. j s. $a^c +$ attr.j.

24. *$a^{cc} +$ attr. j (urspr. i^v) $= \infty$: aigne 2.

25. a) germ. lat. $a^c +$ compl. gutt. s. a^c;
  b) $a^c +$ compl. gutt. $=$ germ. $a^c +$ compl. gutt.: aint 2 (saint: *maint); $= \infty$: aint 1.

5) = franz. *é.*

26. a^c = lat. $\bar{e}$: e 1 (lat. -atem); = $\bar{e}^c$: ee (lat. -ata); = ∞: ees, cr, et.

27. a + compl. gutt. (ct) = ∞: e 2²).

6) = franz. *è*⁸).

28. a^c = $\bar{e}^c$, ere 2 (amere, clere); = e^c: erent¹); = $\bar{r}^{cc}$: es 1 (mes, remes); = ∞: erre 3.

29. Germ. a^c = germ. $\bar{r}^{cc}$: eche 2 (*teche).

30. a^{cc} (tr) = ae^{cc}, $\bar{e}^c$, e^{cc} (rr, rj): ere 1 (frere); = e^{cc} (rr, rj): eres (peres).

7) = franz. *e*ₙ.(?)

31. a^c = ∞: enne[ane](crestienne, profenne, profane); vgl. 33.

8) = franz. *ie, ie*ₙ.ᶜ).

32. a^c nach unm. voraufg. c = a^c + attr. j (urspr. i^v), eu^c(?):

ieres [iues] (chieres : aumosnieres); = a^c + attr. j (urspr. i^v), a^c nach unm. voraufg. j (urspr. i^v), $\bar{e}^{cc}$ (gr): *iers (chiers : deniers : familiers)*; = a^c + attr. j (urspr. i^v), $\bar{e}^c$, e^{cc}, (dr, gr, tr), *i^{cc}(?): *iere (chiere : lat. -aria)*; = $\bar{e}^c$: *ief (chief), ieve (achieve)*.

33. a^c nach unm. voraufg. j (urspr. gutt. od. i); = $\bar{e}^c$: *ie, iet* 1⁸) (lat.-j-ati); = a^c + attr. j (urspr. i^v), $\bar{e}^c$, $\bar{e}^{cc}$ (gr): *ier* 1 (lat.-j-are: lat. -arium); = a^c + attr. j (urspr. i^v), $\bar{e}^c$: *ies* 1 [*iers*] (lat. -j-atus : lat. -arius); = $\bar{e}^c$, $\bar{e}^c$: *ien (terrien)*; = ∞: *ienne, iens* 1; — (urspr. i^v) = ∞: *ierent*.

34. a^c + attr. j s. a^c nach unm. voraufg. j u. a^c nach unm. voraufg. c.

---

1) *ierent* für *erent* (= *erant*) ist Schreibweise des Copisten; ein zwingender Reim für *ierent* liegt nicht vor.

2) Die beiden Reimworte *maufe* und *escaufe* sind nur unter sich gebunden und wohl besser auf -ati zurückzuführen.

3) Für die Aussprache *è* geben die Bindungen a^c, a^{cc} mit den gelehrten Worten, wie *serre, ministere, presbitere, refrigere, matere, chimentiers, archisteres, philatieres,* (cf. Chev. a. d. esp. p. XXXV), keinen Anhalt, wohl aber die indirecte Bindung mit *terre, guerre, querre,* sowie die Bindung a^v mit $\bar{r}^{cc}$ in -eche 2 und -es 1, welche keinen Zweifel lassen, dass e von a bereits als offenes *è* gesprochen wurde.

4) Bei *ie* zeigt sich hier und auch sonst Schwanken in der Geltung und Schreibung. Denn während z. B. einerseits die Reime *terrien, Vermendisien = bien* vorkommen und andererseits *profenne [profane] = chrestïenne,* zeigen solche Bindungen, wie *laiens = riens,* sowie Schreibungen wie *-iien,* dass das dem a unmittelbar voraufgehende i ein nachklingendes i aus sich entwickelt hat, welches auch in den Fällen gesprochen wurde, wo es in der Schrift nicht ausgedrückt worden ist.

5) Durch Versehen ist im Riuuarium *iet* 1) von *ié* getrennt, beide sind natürlich für den Dichter identisch, während *iet* 2) festes *t* hat.

9) = franz. *i.*

35. a^e nach unm. voraufg. *j*
od. vorgetret. *j* (urspr. *i* od. gutt.)
= ŕ, ŕᶜ, *i*ᶜᶜ, ĕ+gutt. *(c)*, germ.
u + gutt. *(c)(?)*: *ie* (lat. *-j-ata,
-j-atam*); = ∞: *ies* 1 (lat. *-j-
-atas*).

36. *a*+gutt. *(c)* nach unm.
voraufg. *j* = *i*ᶜᶜ: *is* 1 *(gis).*

10) = franz. *o*ₙ.

37. a) a^e + attr. *u* = ŏᶜᶜ, *u*ᶜᶜ:
ommes [*ames*] *(habitomes)*; =
ŏᶜᶜ, ŏᶜᶜ, *u*ᶜᶜ: *ons* 1 *(taisons)*; =
*u*ᶜᶜ: *ont (ont).*

b) *a*ᶜᶜ *(gm)* = ŏᶜᵒ, ŏᶜᶜ, *u*ᶜᶜ:
omme (somme).

11) = franz. *ó.*

38. **a* + lab. = *u*ᶜ, ŕ: *oe(boe).*

12) = franz. *ò.*

39. *a* + lab. = **au*ᶜ: *oes (joes).*

40. *a*ᶜᶜ*(bl)* = *o*'ᶜ: *oles(paroles)*;
= *o*ᶜ, **o*ᶜ, *o*ᶜᶜ, *o*ᶜᶜ: *ole (parole).*

13) = franz. *u (eu).*

41. $a^c(b, c)$ + *u* = ŏᵉ*(t)* + *u*,
**u*ᶜᶜ: *ot* [*eut*] *(ot, plot)*. == *á*ᶜ
(p) + *u*, *é*ᶜ *(b)* + *u*, *ó*ᶜ *(t)* + *u*:
urent 1 [*eurent*] *(eurent, pleurent,
seurent).*

14) = franz. *eu, (ó, ou?).*

42. *a* + lab. *(v)* = *u*ᶜ: *eus*
2 *(cleus).*

43. *a*ᶜᶜ *(l's)* = ∞: *eus* 3.

15) = franz. *au.*

44. *a*ᶜᶜ *(l's)* = **a*ᶜᶜ *(c'l)*, *e*ᶜᵒ

(ll), *i*ᶜᵒ *(ll) aus* 2 [*iaus*] *(roiaus)*;
— *(ll)* = *a*ᶜᶜ *(lt)* = *aus* 1.

45. Germ. *a*ᶜᵒ *(ld)* s. **a*ᶜᶜ; =
lat. *a*ᶜᶜ *(ld)* : *aude (*baude : esme-
raude).*

46. **a*ᶜᶜ = ŏᶜ *(l)* + *u(?)*:
aut 1 *(*Erchenoaut)*; — *(ld)* =
germ. *a*ᶜᶜ *(ld)* : *aut (* Willebaut:
baut).

16) = franz. *oi.*

47. *a* vor Labial + attr. *j*
(urspr. *i*ᵛ) = *au*ᶜ (+ *i?*), *au* +
gutt. *(c)*, ŕ, ŕᶜ, *i*ᶜᶜ, **i*ᵛ (+ *i*ᵛ): *oi
(soi).*

Lat. e.

1) = franz. *é.*

48. *ē*ᶜ = *a*ᶜ: *ee(secree)*; = ∞:
e 3 *(discre, secre).*

49. *ĕ* im Ausl. = *a*ᶜ: *e* 1 *(me).*

2) = franz. *è.*

50. *ē*ᶜ = *a*ᶜ : *ere* 2 *(abstere:
espere), erent*; = *a*ᶜᶜ, *e*ᶜᶜ *(rr, rj)*:
ere 1 *(austere).*

51. *e*ᵒ = *e*ᶜᶜ: *ert*; = *a*ᶜ: *erent*
[*ierent*].

52. *e*ᶜᶜ s. *ē*ᶜ; = *ae*ᶜ, **i*ᶜᶜ: *ete*
(disete); = *ae*ᶜ: *este (feste)*; =
*y*ᶜᶜ: *egne(regne)*; = ŕᶜ: *ele(bele),
eles (beles), erme (terme)*; =
*i*ᶜᶜ: *estre (prestre: *estre)*; = ∞:
el 1, *erne* [*ierne*], *ers* 1, 2, 3,
ervent, es 2, *esse* 1.

53. **e*ᶜᵒ = germ. *e*ᶜᶜ, lat. *i*ᶜᶜ:
eche 1 *(*adreche: *bleche).*

54. Germ. e^{cc} s. *e^{cc}.

55. e^{cc} (rr, rj) = a^{cc}: eres [icres] (terres).

    3) = franz. a_n (e_n).

56. e^{cc} = a^{cc}: ande (offrande), uns 1 (tans), ant (maintenant).

57. e^{cc} = i^{cc}: enche 1 [anche]¹) (negligense), ent(couvent) = *e^{cc}: enge (enten-ge: *loenge); = ∞: embrc, endent, endre, ens 1,2,3, ense 2, ent 1, 2, ente.

58. *e^{cc} s. e^{cc}; = ∞: enges.

59. $\bar{e}^{cc}$ = a^c, a^{cc}, δ^{cc}: ame [emme] (fame); = a^{cc}, δ^{cc}: umes [emmes, emes] (femes).

    4) = franz. ie, ie_n.

60. e^v s. $\check{e}^t$.

61. $\check{e}^t$ = a^c nach unm. voraufg. c, $\check{e}^v$, a^c + attr. j (urspr. i^v), e^{cc} (gr, dr, tr), *i^{cc}: ierc (fiere: *biere) = a^c nach unm. voraufg. j (urspr. i od. gutt): ie [iet 1](pie); = a^c nach unm. voraufg. c, a^c + attr. j (urspr. i^v): ies 1 (pies); = a^c nach unm. voraufg. gutt. (urspr. i od. gutt.) $\check{e}^v$, *$\check{e}^v$: ien (bien: mien: *sien); = a^c + attr. j (urspr. i^v), $\check{e}^{cc}$ (gr): ier 1 (fier: entier); = *$\check{e}^v$, i^{cc} nach unm. voraufg. gutt. c: iens

2 (riens: *siens); = *c^{cc}: iet 2 (siet: *griet); = ∞: iegne, ient.

62. *$\check{e}^v$ = a^e nach unm. voraufg. gutt. c: ief (*grief), ieve (*grieve); = ie^c (?): ies 2 (*gries: ries).

63 δ^{cc} s. $\check{e}^t$; = a^e nach unm. voraugf. j (urspr. i od. c), a^e + attr. j (urspr. i^v): iers (entiers).

64. e^{cc} (rm, rn) = ∞: ier (vier, ivier).

    5) = franz. i.

65. $\bar{e}^v(s)$ = ae, $\bar{e}^v(s)$+ attr.i^v, e^{cv}, Γ^v, germ. i^c, i^{cc}, *i^{cc}: ise 1 (prise: eglise: assise); = $ae^{cc}(s'r)$, *$\check{e}^v{}^c r)(c'$ i^{cc} (ps'r, s'r, x): isent 1 (prisent: *fisent); = $\bar{e}^v$ + attr. j (urspr. i^v), Γ^v, i^{cc}: ises 1 (prises: glises); = ae^c (s), e + compl. gutt. (ct), $\bar{e}^v$ nach unm. voraufg. c, $\check{e}^t$ + attr. j (urspr. *i^v) Γ^v, i^{cc}: is 2 (pris: pis: seris: lis); = ae^c (s), *$\check{e}$ + compl. gutt. (ct), *$\check{e}^v$ (s), Γ^v, i^{cc}: ist (prist: *fist: *sist(?)).

66. $\bar{e}^v$ = $\bar{e}^v$ nach unm. voraufg. c, i^c, y^c: ir^1)(tenir: plaisir); = i^{cc}: int (vint) = ∞: inrent.

67. Γ^v nach unm voraufg. gutt. c s. $\bar{e}^v$; = i^{cc}: il (acētum od. besser mit Suffixvertauschg. acēlum).

---

1) In *provenanche* (Coll. *provenenche*) 70,61, träte uns der einzige Fall entgegen, in welchem *-enche* = *-antiam*; jedoch ist derselbe auch nicht zwingend, denn *provenenche* kann sehr wohl als halbgelehrte Bildung aus Analogie von *providenche* = *providentiam* entstanden sein, welches hier auch dem Sinne nach passen würde.

68. $\breve{e}^x$ + attr. j (urspr. i^x) s.
$\breve{e}$ + compl. gutt. = i^{cc} : *ires*
(*sircs*); = $\bar{e}^x$ nach unm. voraufg.
c, $\breve{e}^x$ + attr. j (urspr. e^x), $\bar{r}^x$, i^{cc}:
ire 1 (*sire* : *chire* : *mire*); = germ.
i^c, lat. i^{cc} : *ile* (*evangile*).

69. $\breve{e}^x$ + attr. j (urspr. $^*i^x$) s.
$\bar{e}^x$; = i^{cc} : *isent* 2 (*mesprisent*).

70. $\breve{e}$ + gutt. (c) s. lat. i^x
= franz. i.

71. $\breve{e}$ (bzw. e) + compl. gutt.
(ct, $g't$) = i^c, i^{cc} : (*lit*) — (*sc?*)
= germ. i^c : *ises* 2 (*niches*); —
(ct) = e^c + altr. j (urspr. i in
tic), i^c, i^{cc} : *ite* (*despite* : *herite*);
— (g') = ∞ : *irre* 2; — (x) =
u^{cc} (*$^*tj$ j = i^x) : *isses* 2 [*uises*];
— ($c'm$) = $\bigcirc$: *isme* 1.

72. $^*\breve{e}$ + compl. gutt. ($c'r$,
$g'r$) s. $\bar{e}^x(s)$; = i^c, i^{cc} : *irent* (*$^*firent$*).

73. e^{cc} (*ss*) s. $\bar{e}$ (*s*).

6) = franz. ai..

74. $\bar{e}^x$ = a^c : *ain* (*plain*); =
g^c, $\bar{r}^x$, i^{cc}, oe^c : *aine* (*alaine*); =
oe^c : *aines* 2 (*caines*).

7) = franz. oi.

75. $\bar{e}$ s. $\bar{e}^x$.

76. $\bar{e}^x$ = au^c + i (?), a^c + attr.
j (urspr. i^x), $\bar{e}$, $\bar{r}^x$, $\bar{r}^x$, i^{cc}, $^*i^{cc}$:
oi (*loi* : *soi*); = $\bar{e}^{cc}$ ($d'r$), i^{cc}, o
u. $\breve{o}^c$ + altr. j (urspr. e^x, i^x) : *oire*
2 (*espoire* : *croire*); = ae^c, au^c

+ attr. j (urspr. i) (?), $\bar{r}^x$, i^c + i^x,
e^x : *oie* 1 (*monnoie*) = $\bar{r}^x$: *oient* 2
(*croient*); = e^{cc} (ct), germ. au^c +
attr. j, e + compl. gutt. (x, ct, $g's$),
i^c, $^*i^c$, i^{cc}, o u. u + gutt. c, germ.
u^{cc} + attr. j : *ois* (*crois* : **renois?*);
= ∞ : *oie* 2.

77. $^*e^c$ + (?) attr. j. (urspr.
i^x) = i^{cc} : *oises* 2 (**pugoises*).
e^c + compl. gutt. s. $\bar{e}^x$.

8) = franz. *ieu*.

78. $\breve{e}^x$ (l) = ae^c, $\breve{e}^{xc}$ ($t'l$), $\breve{o}$ +
compl. gutt. ($c'l$), $\breve{o}^c$ nach unm.
voraufg. c : (*iex* : *viex*).

9) = franz. *u* (*eu*).

79. $\acute{e}^c$ (b) + u = $\acute{a}^c$ (b, c),
+ u, $\acute{a}^c$ (p) + u, $^*\acute{o}^c$ (t) + u :
urent 1 (*durent*).

10) = franz. *au*.

80. e^{cc} (ll) = a^{cc} ($l's$), $^*a^{cc}$
($c'l$), i^{cc} (ll) : *aus* 2 [*iaus*] (*biaus*).

11) = franz. *eu*.

81. e^x (u) = au^c + attr. u (?):
eu [*ieu*] (*dieu*).

Lat. $\check{i}$.

1) = franz. i.

82. i^x s. i^c; = i^c : *ies* 2 (*abeies*)
ive (*aive*); = a^c nach unm. vor-
aufg. j od. attr. j (urspr. i od.
gutt.), i^c, (i^c + altr. i^x), $\breve{e}$ + gutt.

---

1) Die Beispiele des Inf. -*ir* = -*ère* sind in unserm Texte zahlreich s.
Neumann: Laut- u. Flexionslehre p. 22; Tobler: Dis dou vrai aniel p XXIV,
Förster: Aiol u. Mirabel p. XXIX.

(c), germ. u + gutt. $c(?)$: ie
(melodie: vie: envie: prie); $= i^{cc}$:
is 2 (dis).

83. i^e s. i^v; $= \bar{e}$, e nach unm.
voraufg. gutt. c, y^e : ir (partir);
$= \bar{e}$ nach unm. voraufg. c, c^e
u. $\bar{e}$ + attr. j (urspr. i^v), i^{cc} (b'r,
c'r, rj (urspr. i^v) : ire 1 (ire:
descrire); $= ac^e$ (s), $\bar{e}$ (s), $\bar{e}$ +
compl. gutt. (ct), $\bar{e}$ + attr. vor-
aufg. j (urspr. c), i^v, i^{cc}: is 2;
$= ae^e$ (s), $\bar{e}$ + attr. j (urspr. i^v),
$\bar{e}$ (s), e^{cc} (ss), germ. $\bar{r}$, i^{cc}, $*i^{cc}$:
ise 1 (devise: *guise: mise: *bise);
$= \breve{e}$ + compl. gutt. (c'r, g'r),
i^{cc}(d'r): irent 1 (coisirent: virent);
$= \breve{e}$ + compl. gutt. (ct), i^{cc}: it;
$= i^{cc}$: imes 1 (crimes: meismes),
ine (roine: orine), ites (merites:
dites; $= *\breve{v}^c$: ivent (arrivent:
truevent) $= \infty$: i 1, 2, 3, ient,
imes 2, in, ique, iques 1, 2.

84. Germ. $\bar{r}^c$ s. i^{cc}; $= e$ +
compl. gutt. (sc): ises 2 (*riches);
$= \bar{e}^c$ + attr. j (urspr. i^v), i^{cc}:
ises (*grises: mises).

85. i^{cc} s. i^v, i^c; $= \bar{e}^c$ nach
unm. voraufg. gutt. c: il (il); $=$
$\bar{e}^c$: int (vint); $= \breve{e}^c$ + attr. j
(urspr. i^v), germ. i^c:(vile: *gile); $=$
ae^{cc} (s'r), $*\breve{e}$ + compl. gutt. (c'r),
$\bar{e}^c$ (s): isent 1 (misent); $= a$ +
gutt. c nach unm. voraufg. j: is
1 (dis); $= e^c$ + attr. j (urspr.
i^v): ires (martires); $= \infty$: ible,

igne, inche, inches, ins, isme 2,
issent, ist 2, iste, istes, istres,
itres, ivre.

2) $=$ franz. è.

86. a) $\bar{r}^{cc} = a^c$: es 1 (mes); $=$
e^{cc}: egne (sensne); ele (maissele),
eles (celes), erme (ferme); $= e^{cc}$,
$*i^{cc}$: estre (festre: *cavestre) $=*\bar{e}^{cc}$,
germ. e^{cc}: eche 1 (perfondeche)
$= *i^{cc}$ (vesque: *leske); $= \infty$:
el 2, elle 1, 2, elles, esse 2, este 2,
et, elent, etre.

b) $*i^{cc}$ s. i^{cc}; $= ae^c$, e^{cc}: ete
(*eurete).

87. Germ. $i^{cc} =$ germ. a^c:
eche 2 (*fleche).

3) $=$ franz. ié.

88. $*i^v = *\breve{e}^c$: ies 2 (ries?).

89. $*i^{cc} = \breve{e}^c$, a^c nach
unm. voraufg. c, a^c + attr. j
(urspr. i^v), e^{cc} (gr, dr, tr): iere
(*piere?).

90. i^{cc} nach unm. voraufg.
gutt. c (in illuc intus); $= *\bar{e}^c$,
$\breve{e}^c$: iens 2 (laiens).

4) $=$ franz. eₙ (aₙ).

91. $i^{cc} = e^{cc}$: enche 1 (Prou-
venche), ent 1 (souvent).

92. $\bar{r}^c = \infty$: amble (samble).

5) $=$ franz. aiₙ.

93. $\bar{r}^c = a^c$, germ. lat. a⁰ +
compl. gutt. a^{cc} + attr. j (urspr.
e), i^o + compl. gutt. (ct): ains
1 (mains: pains); $= a^o$, $\bar{e}$, $\bar{r}^o$ (+

i^v), oe_c: *aine* (*maine* : *demaine*); = i^o (+ i^v): *aines* 3 (*remaines*: *demaines*.

94. i^o + compl. gutt. (*ct*) s. $ĭ^c$; = ∞: *ainte*.

95. ic (+ i^v) s. $ĭ^c$.

6) = franz. oi.

96. $ĭ^v$ = $æ^o$: *oient* 2 (*voient*); = ae^o, au^o + attr. *j* (urspr. i^v), $ē$, i^o (+ e^v), i^v: *oie* 1 (*voie*).

97. $ĭ^c$ = a^o + attr. *j* (urspr. i^v), au_c (+ $i?$), au + gutt. c, $æ$, $*i_c$ (+ i^v): *oi* (*quoi*: *Eloy*); = germ. au^o + attr. *j*, e + compl. gutt. (*g's*), $æ$, $*ĭ^c$, i^{cc} (*ct*, *g't*, *ps*, *x*), $*i + i^v$, o u. $ŭ$ + gutt. (*c*): *ois* (*fois*: *dois*: *Eloys*); = $ē^v$, e^v (+ compl. gutt. (*ct*), $*o^o$ (+ i^v), $*ĭ^v$, i^{cc}: *oit* 1.

98. i^{cc} s. $ĭ^c$; = au^o + attr. *j* (urspr. e^v): *oire* 1 (*dechoivre*); = $*e$ (+ i^v): *oises* 2, (*richoises*); = o^o + attr. *j* (urspr. i^v): *oide* (*roide*); = $ð^o$ + attr. *j* (urspr. i^v): *oires* (*prouvoires*); = u^{cc} + attr. *j* (urspr. i^v): *oigne* 1 (*resoigne*); = ∞: *oire* 3, *oit* 2.

7) = franz. ó.

99. $ĭ^v = *a$ + lab., u^c: *oie* (s. *oe*) (*voie*).

8) = franz. ou.

100. i^{cc} (*ll*) = a^{cc} (*l's*), $*a^{cc}$ (*c'l*) e^{cc} (*ll*): *aus* 2 (*chaus*).

9) = franz. eu.

101. y + lab. (*p*) = ∞: *euce* (*creuce*).

101. $*i + l = o^o$, $ŭ^v$: *eus* 1 (*bracheus*).

10) = franz. ui.

103. $ĭ^c$ nach unm. voraufg. lab. (*v*) = o + compl. gutt. (*ct*), o (+ attr. $*i^v$): *uit* (*wit*); = $ŭ^o$ + attr. *j* (urspr. i^v): *uide* (*wide*).

11) = franz. iu (ui).

104. i + lab. = ∞: *ius* 2.

105. $i^c + u = ð^o$: *uis* 1, (*antius*).

Lat. o.

1) = franz. ò.

106. o^o = a^{cc} (*b'l*), $*o^o$, o^{co}: *ole* (*escole*: *carole*: *fole*); = germ. o^o, o^{cc}: *oche* (*paroche*: *croche*: *cloche*).

107. Germ. o^c, o^{cc} s. o^c.

108. $*o^o$ = a^{cc} (*b'l*): *olent* (*carolent*); = o^{cc}: *osne* (*ramprosne*: *aumosne*).

109. o^{cc} s. o^c = au^c: *os* (*gros*); = a^{cc} (*b'l*): *oles* (*foles*); = au^c: *ors* (*hors*); = ∞: *orde*, *ors* 2, *ort*, *ost*.

110. $*o^{cc}$ = au^{cc}: *ovres* (*coffres*).

2) = franz. ó̦.

111. $ð^o$ = a^{cc}, $ð^{co}$, u^c, u^{cc}: *omme* (*Romme*: *homme*: *somme*); = u^{cc}: *on* 1; = $ð^c$, germ. u^{cc}: *onne* (*personne*: *bone*).

112. $\breve{o}^{cc}$ s. $\bar{o}^c$; $= a^o +$ attr. u, u^c(?): *ommes* [*ames*] (*dames*); $= a^c +$ attr. u, $\breve{o}^{cc}$, u^{cc}: *ons* 1 (*homs*: lat. *-onem + s*); $= u^{cc}$: *ont* 2; $=$ germ. au^c, o^{cc}: *onte* (*raconte* : **monte*) $= \infty$: *ondre*, *ons* 2, 3.
$\bar{o}^{cc}$ s. $\bar{o}^c$, $\breve{o}^{cc}$.

3) $=$ franz. *ó*.
113. $\bar{o}^e = \infty$: *ore*, *ote*.

4) $=$ franz. *ou* (*eu*).
114. a) $\bar{o}^c = u^{cc}$, $^*u^{cc}$: *our* [*eur*] (*confessor*); $= u^{cc}$: *ous* (*trestous*), *oute* (*toute*); $= \infty$: *ouple*, *ours* 1 [*eurs*].
b) $\bar{o}^{cc}$ (*ll*) $= \breve{o}^{cc}$(?): *ouche* (*couche* : *chouque?*).
115. $\breve{o}^o = u^{cc}$: *eure* (*eure*); $= {}^*i + l$, $\breve{u}^v$: *eus* 1 (*precieus*).

5) $=$ franz. *u* (*eu*).
116. o^o (*t*) $+ u = a^o$ (*b,c*) $+ u$, $^*u^{cc}$: *ot* [*eut*] (*pot*); $= \acute{u}^o$ (*b, c*) $+ u$, $\acute{u}^o$ (*p*) $+ u$, $\acute{e}^o$ (*b*) $+ u$: *urent* 1 [*eurent*] (*peurent*).

6) $=$ franz. *ieu*.
117. $\breve{o} +$ compl. gutt. (*c'l*) $= \bar{o}^c$ nach unm. voraufg. *c*, ae^o, $\breve{e}^o$, $\breve{e}^{cc}$ (*t'l*): *iex* (*icx*: *orieus*).

7) $=$ franz. *oi*.
118. $\breve{o} +$ unm. folg. gutt. $=$ germ. $au^o +$ attr. *j*, $\breve{e}^o$, *e* $+$ compl. gutt. (*x, ct*), $\breve{i}^o$, i^{cc} (*cl*, *g't, ps, x*), $\breve{u} +$ unm. folg. gutt. *c*: *ois* (*vois*).

119. $o_c +$ attr. *j* (urspr. e^v, i^v) $= \bar{e}^o$, $\breve{e}^{cc}$ (*d'r*), i^{cc}: *oire* (*marmoire*, *istoire*); — (urspr. i^v) $= i^{cc}$: *oires* (*marmoires*); — (urspr. i^v od. gutt.) $=$ germ. *u* $+$ attr. *j*: *oine* 2 (*patremoine*); — (urspr. *g*) $= i^{cc}$ (*gn*), $u^{cc} +$ attr. *j* (urspr. i^v): *oigne* 1 (*proloigne*).
120. $o^o +$ attr. *j* (urspr. $^*i^v$) $= e^c$, *e* $+$ compl. (*ct*), $\breve{i}^v$, $\breve{i}^c$, i^{cc}: *oit* (**anoit*); $^*o^o +$ attr. *j* (urspr. i^v) $= i^{cc}$: *oide* (*Galeboide*).

8) $=$ franz. *oe* (*ue, eu*).
121. $\breve{o}^e = \breve{o}^{bc}$ (*c'l*): *oel* (*weil*: *oel*).
122. $\breve{o}^o = \infty$: *uec* [*euc*], *uet* (*eut*), *culent*; $= o^{cc}$ (?) : *uer* (*cuer* : *puer*), *uelles* (**velles*: *aquelles*).
123. $\breve{o}^c = {}^*\breve{o}^c$: *eus* 3 (*veus*: **uleus*).
124. Germ. $\breve{o}^c = o^c$: *uel* (**orguel*: *voel*: *poignuel*); $= o^{cc}$: *uellent* (**orguellent*: *aquellent*).

9) $=$ franz. *ui*.
125. $\breve{o}^o +$ attr. *j* (urspr. i^v) $= u +$ **compl. gutt. (*cr*): *uire* (*muire*); $= u +$ gutt. (*c*): *uient* (*apuient*).
126. $^*\breve{o}^o = \breve{o} +$ gutt. (*g*), *u* $+$ compl. gutt. (*ct*): *uis* (**truis?*: *ruis*); $= i^o$: *uevent*; s. *ivent* (**truevent*).
127. $\breve{o}^o +$ attr. *j* (urspr. $^*i^v$) s. *o* $+$ compl. gutt.

128. ð + gutt. (g) s. *ðᶜ.

129 o + compl. gutt. (ct) = oᵒ + attr. j (urspr. iᵛ), ī nach attr. uᵉ¹): uit (nuit : *anuit).

10) = franz. iu.

130. ðᵉ (c) = i + attr. u : ius 1 (lius); = ∞ : iu.

11) = franz. u.

131. ðᵉ(c) = uᵛ:u 1 (fu).

132. ōᵉ = uᵉ: ur (peur) vgl. auch Nr. 116.

133. *oᶜᶜ = uᶜ : use [unse] (*repunse).

12) = franz. aₙ.

134. ðᶜᶜ = aᵉ, aᶜᶜ, ēᶜᶜ : ume (dame).

135. ðᶜᶜ = aᶜᶜ, ēᶜᶜ : ames (dames) = aᵉ + attr. u, uᵉ(?): ames s. ommes (dames).

Lat. u.

1) = franz. u.

136. uᵛ = iᵉ(p) + u, i(b) + *u, ʊ́ᵉ(v) + *u: urent 2 (furent). = ð :u 1 (fu) = ∞ :usse, ussent, ust, ut 4.

137. uᵉ = ōᵉ:ur (seur), us 1 (sus); = uᶜᶜ:us 3 (plus:us); = ∞: u 2, ue, ues 1, 2, un, une, ure 1, 2, ures.

138. *uᵉ=uᶜᶜ:ume (*coutume; volume).

139. uᶜᶜ s. uᶜ, *uᵉ; = ∞:urs, us 2.

2) = franz. oₙ.

140. uᵉ (?) = aᵉ + attr. u, ðᶜᶜ:ommes (sommes).

141. uᶜᶜ = ðᶜ, ðᶜ:on (som); = aᶜᶜ, ðᵉ, ðᶜᶜ : omme (somme); = aᵉ + *attr. u : ont (sont); = oᶜᶜ:ont 2 (mont); = aᵉ + attr. u, ðᶜᶜ, ðᶜᶜ, oᶜᶜ:ons 1 (coulons).

142. Germ. uᶜᶜ = ðᶜ, ðᵉ:onne [oune] (*toune).

3) = franz. ð.

143. uᵉ=germ.a + lab., ī:oe (gloe).

4) = franz. ð.

144. uᶜᶜ = *uᶜᶜ:otes (flotes: *cotes).

145. *uᶜᶜ=áᵉ(b, c) + u, ʊ́ᵉ (t) + u:ot (*mot).

5) = franz. oi.

146. uᶜ + unm. folg. c = ēᶜ, ēᵉ + compl. gutt. (x, ct), ēᵉ + *compl. gutt. (g's), īᵉ, iᶜᶜ (g't, ps, x), *iᵉ (+iᵛ), ð + unm. folg. gutt.(c), germ. auᵉ + attr. j, uᶜᶜ + attr. j, ī:ois (crois: *escrois).

147. Germ. uᶜᶜ + attr. j s. uᶜ + unm. folg. c.

148. Germ. uᵉ + attr. j = oᵒ + attr. j (urspr. iᵛ od. gutt.): oigne 2 (*besoigne); = ∞: oing.

149. uᶜᶜ + attr. j (urspr. iᵛ) = oᵉ + attr. j (urspr.g), iᶜᶜ (gn): oigne 1 (vergoigne).

---

1) S. 39, Nr. 103 ist ebenso wie hier statt: »īᵉ nach unm. voraufg. lab. (v)« zu lesen.

6) = franz. *ou*.

150. $\breve{u}^c = u^{cc}$: *oule (youle)*.

151. $u^{cc} = \bar{o}^c$, $^*u^{cc}$: *our* [*eur*] (*tour* : **tour*); — (*ll*) = $\bar{o}^c$: *ous* (*estous*), *out* (*estout*); — (*b't*) = $\bar{o}^c$: *oule* (*doute*); — = $^*u^{cc}$: *ours* 3 (*secours* : **retours*).

152. $^*u^{cc}$ s. u^{cc}; = germ. u^{cc} : *ours* 2 (**rebours* : **bours*).

153. Germ. u^{cc} s. u^{cc}.

7) = franz. *eu*.

154. $\breve{u}^c = a$ + lab.(*v*) : *eus* 2 (*leus*).

155. $\bar{u}^v = \bar{o}^v$, $^*i + l$: *eus* 1 (*deus*).

156. $u^{cc} = o^c$: *cure (deseure)*.

7) = franz. *ui*.

157. $u^v = \infty$: *ui, uissent*.

158. u^c + attr. *j* (urspr. i^v) = $\bar{r}$ nach unm. voraufg. lab.(*v*) : *uide*.

159. u + gutt.(*c*) = $\delta^v(+ i)$: *uient (souduient)*.

160. u + compl. gutt.(*ct*) = $^*o^c$, o + gutt.(*g*) : *uis (fruis)*, — (*c'r*) = ∞ : *uire* 2; — (*ct*) : *x* : *uite*; — (*x*) = ∞ : *uist*.

161. u + *compl. gutt.(*c'r*) = $o^c(+ i^v)$: *uire* 1 (*destruire*).

= franz. *i*(?).

162. Germ. u + gutt. (*c*) = a^c nach unm. voraufg. *j* od. attr. *j* (urspr. *i* od. gutt.), i^v, i^o, i^{cc}, $\breve{e}$ + gutt.(*c*) : *ie* (**crie*).

Diphtonge.

Lat. *ae*.

1) = franz. *è*.

163. $ae^c = e^{cc}$: *ete* 2 [*iete*] (*diete*).

164. $ae^{cc} = a^{cc}$, $\bar{i}^c$, e^{cc} : *ere* 1 (*querre*); = e^{cc} : *este (meste)*.

2) = franz. *i*.

165. $ae^v(s) = \bar{e}^v(s)$, $^*\bar{i}^c(s)$, $^*\breve{e}$ + gutt. (*c*), $\bar{r}$, i^{cc} : *ist* 1 (*quist*); = $\bar{e}^v$ (*s*), $\breve{e}$ + attr. *j* (urspr. i^v), e^{cc} (*ss*), i^v, germ. i^v, lat. i^c, $^*i^{cc}$: *ise* 1 (*aquise*); = $\bar{e}^v(s)$, $\breve{e}$ + *attr. *j* (urspr. i^v), $\breve{e}$ + attr. *j* (urspr. i^v),

$\breve{e}^v$ nach unm. voraufg. *c*, $\bar{r}$, i^c, i^{cc} : (*quis*).

166. ae^{cc} (*s'r*) = $\breve{e}^c(s)$, $^*\breve{e}^{bo}$ (*c'r*) i^{cc} (*ps'r, s'r, x*) *isent* 1 (*enquisent*).

3) = franz. *ie*.

167. ae^c (*l*) = $\breve{e}^v(l)$, $\breve{e}^{bo}$ (*l'l*), o + compl. gutt. (*c'l*), δ^c nach unm. voraufg. *c* : *iex (chiez)*.

4) = franz. *oi*.

168. $ae^c = uu^v$ + attr. *j* (urspr. i^v), $\breve{e}^c$, $\bar{r}$, i^c, $i^c(+ e^v, i^v)$: *oie* 1 (*proie*).

Lat. *au.*

1) = franz. *ò.*

169. au^c = o^∞ : *os* (*enclos*); = o^∞:*ors* 1 (*tors*); = ∞:*oent, or, oses.*

170. **au^c* (ndl. *oo*) = *a* + lab.: *oes* (**poes*).

171. au^∞ = **o^\infty*:*ovres* (*povres*).

2) = franz. *ó.*

172. Germ. au^i = o^∞, **o^\infty*: *onte* (**honte*).

3) = franz. *eu.*

173. au^c + attr. *u*(?) = e^c: *eu* (*peu*).

4) = franz. *oi.*

174. au^i (*c*) = au^c (+ *i?*), a^c + attr. *j* (urspr. *i^v*), *ĕ, ē̆, ř̆,* *i^c* u. **i^c* (+ *i^v, e^v*):*oi* (*poi:oi*).

175. au^i + attr. *j* (urspr. *e^v*) = $ē^\infty$, **i^\infty*:*oise* (*noise*); = i^∞: *oire* 1 (*noise*); — (urspr. *i^v*) = *ae^c, ē̆, ř̆, i^c* (+ *e^v, i^v*): *oie* 1 (*oie*).

176. Germ. *au* + attr. *j* = *e* + compl. gutt. (*x, ct*), $ē̆$+**compl. gutt. (*g's*), $ē̆^\infty$, *ř̆, i^\infty* (*ct, g't, ps, x*), **i^c* (+ *i^v*), *ŏ* u. *ŭ* + gutt. (*c*), germ. *ř̆, u^\infty* + attr. *j* (?) : *ois* (**cois*); = *?*:*oises* 1 (**coises*).

Lat. *oe.*

= franz. *ai.*

177. oe^c = *a^c, ē̆, ř̆, i^\infty*:*aine* (*paine*); = $ē̆^\infty$: *aines* 2 (*paincs*).

178. **oe^c* = *a^c* + **attr. j* (urspr. *i^v*): *ains* 2 (**Oains*).

Consonantismus.

Die indifferenten Fälle sind nicht alle angeführt.

I. Dentale.

Lat. *d*.

1) = franz. *d*¹).

179. *d* nach attr. *i*ʳ = *d* nach attr. *u*ʳ (?): *uide* (*estuide* : *widc*).

180. *°d* nach. attr. *i*ʳ = *°d*ʳ: *oide* (*°Guleboide* : *roide*).

181. *°ʳd*ʳ = *°·d*ʳ: *udes* (in dem Eigennamen *°Flavades* : *rudes*).

182. *°d*ʳ s. 192; = germ. *°d*ʳ : *aude* (*esmeraude* : *°baude*).

183. *°·d*ʳ s. 180, 181; germ. *°d*ʳ s. 182.

2) = franz. *t.*

184. *d*·ʳ nach attr. *u*ʳ = *°t*ʳ·, *d* nach attr. *i*ʳ + *t*·: *uit* (*wit* : *anuit*).

185. *°d*ʳ·=*°t*ʳ·: *ant* (*escoutant*), *art* (*lupart*), *ent* 1 (*soucent*); = *°·d*ʳ·, germ. *°d* + *t*·: *art* (*°Muar*); = *°·t*·: *ont* 2 (*mont*); = *°t* + *t*·: *ent* 1.

*°·d*ʳ· s. 185.

3) = franz. *i* (?).

186. *°d*ᶜ = ☉, *c*, *°g*, *h*, *t* i. gl. St.: *aire* (*Biaucaire*).

4) = franz. ☉.

187. *°d*ʳ = ☉: *ie* (*putie*), *oie* 1 (*proie*); = *c*, *t*, i. gl. St. *ie*, *oie* 1, *ue* (*nue*); = *°g*ʳ: *ue*; = *°d* (vor *j*, attr. an d. voraufg. Tonvoc.), *°g* (vor *i*ʳ); *oie* 1; = germ. *°c*ʳ: *ie*; = ∞: *oent* (*loent*: *oent*).

188. *°d*ᶜ (bzw. *°d*ᶻ) = ☉: *iere* (*caiere*), *irent* (*virent*), *oire* 2 (*croire*); = *t*, *g* i. gl. St.: *iere*; = *b*, *p* i. gl. St.: *oire* 2.

189. *°d*ʳ· = *°t*ʳ·: *ie* (*pie*), *oi* (*foi*); = *°c*ʳ·, *°m*·, *°b* + *t*·, *°v* + *t*·: *a* 2 (*va*); = *°d*·, *°c*ʳ·, *°g*ʳ·, *°p*ʳ·, *°d* u. *°g* (vor *i*ʳ) : *oi*; = ∞: *i* 3 (*vi*).

190. *°d*· s. 189.

191. *°d*ʳ· = ☉, *°b*ʳ·: *on* 1 (*mon*).

Lat. *dj* (*j* = *e*ᵛ, *i*ᵛ).

1) = franz. *d*.

192. ᶜ*dj*ᵛ = ᶜ*d*ᵛ : onde 2 (faconde:monde); orde(misericorde₁ recorde).

2) = franz. *j, g*.

193. ᶜ*dj* (in -ando-ego, -endo -ego) = ᶜ*j*ᵛ (*j* = *e*): ange(comman -je), enge (enten -ge).

3) = franz. *i* (? verschm. mit dem voraufg. Tonvoc.).

194. s. *i* = franz. *i* bei *i*ᵛ.

Lat. *dic* = franz. *ch*.

195. ᵛ*dic*ᵥ = *ᵛssj*ᵛ : aches 2 (esraches).

Lat. *d* + *s* = franz. *s*.

196. a) ᵛ*d*+*s*° = ᶜ·*s*°, ᵛ*t* + *s*°:ies 1 (pies); = ᵛ*s*°, ᵛ*s*ᵛ°, ᶜ*s*°, ᵀ ·*s*°, ᶜ*s*·°, ᵛ*c*·°, ᶜ*t*+*s*°ᶜ·, *t*+*s*ᵛ, ᵛ*t* + *s*°, germ. ᵛ*d* + *s*°, ᵛ*s*ᵛ°, st (j) + *s*°|(j attr. an d. voraufg. Tonvoc.):ois (fois:ᵉeffrois).

b) *ᵛ*d* + *s*° = ᶜ·*s*°: cus 3 (aleus).

197. ᶜ*d*+*s*°=ᶜ·*s*°, ᶜ*t*+*s*ᵛ, ᶜ*t* + n. *s*:ans 1 (grans).

198. *ᶜ*d* + *s*° = ᵛ*s*°, ᶜ·*s*°, ᵛ*t*+*s*°: ors (*recors).

199. ᶜ*d* + *s* (der 1. sg. prs.) = ᶜ*tj*ᵛ° (?):ans 2 (commaus).

Lat. *d* + *t*.

1) = franz. *t*.

200. ᵛ*d* + *t*° = ᶜ·*t*°:iet 2 (siet); = ᵛ*t*ᵛ°, ᶜ*t*ᵛ°, ᶜ·*t*°:it (vit); = *ᵛ*t*°, ᵉ*t*°, ᶜ·*t*°, ᵛ*d* (nach attr. iᵛ) + *t*°: oit 1 (croit:anoit).

201. ᶜ*d* + *t*ᵛ = ᶜ*t*ᵛ: ente (vente); = ∞:ent 2 (prent).

202. ᶜ*d* + *t*° = ᶜ·*t*°: ert (pert).

2) = franz. ∞.

203. ᵛ*d* + *t*° = ᵛ*c*°, ᵛ*c*·°, ᵛ*v*°, ᵛ*t*·°, ᵛ*v* + *t*°:i 1 (vi).

Germ. *d* + *t* = franz. *t*.

204. ᶜ*d* + *i*° = *ᶜ*d*·°, ᶜ*t*·°:art (*gart).

Secund. *d* + *n* (st. lat. *n* + *d*) = franz. *nn*.

205. *ᵛ*d* + *n*ᵛ = ᵛ*gn*ᵛ: egne (sensue:regne).

Lat. *t*.

1) = franz. *t*.

206. ᵛ*t*ᵛ = ᶜ·*t*ᵛ:ites (merites: dites); = ᶜ*t*ᵛ:ete 2 (diete:disete), ite (abite:descrite); = ᶜ*t*ᵛ, ᶜ·*t*ᵛ: oute (toute:route:doute); = ᵛ*tt*ᵛ: oute; = ∞:ote (idyote).

207. ᵛ*t*° = ᵛ*tt*·°:atre (atre).

208. ᵛ*t*·° = ᶜ*t*·°:ont (trestout: estout); = ᶜ·*t*°, ᶜ*t*·°:it (esperit: lit:dit); = ᵛ*d* + *t*°:it; = ᵛ*t*+*t*°: at (prelat).

209. ᵛ*t*° = ᵛ*d* + *t*°, ᵛ*d* (nach attr. *i*°) + *t*°, ᵛ*t*·°, ᶜ·*t*·°, ᶜ*t*°:oit 1 (soit:endroit:soulloit:avoit).

210. ᵛ*t*ᵛ (bzw. ·ᵛ*t*ᵛ) s. 205. = *ᶜ*t*ᵛ, germ. ᶜ*th*ᵛ: ontc (raconte: *monte); = ᶜ*t*ᵛ:istes. istre(triste: menistre); = **tt*ᵛ:ete 1 (dete), otes (flotes); = ᶜ*d* + *t*ᵛ:ente (entente).

**ᶜ*t*° s. 210.

211. *tͨ* (bzw. *·tͨ*) s. 210; = unorg. *t* zw. *ss-r* : *estre (seniestre)*; = ∞ : *istres (tristres)*.

212. *tͨ·* (bzw. *ͨtͨ·*) s. 207, 208; = *ͨtͨ·* : *ut* 1 *(*jut : jut : *perchut)*, *ut* 2 *(but : dut)*; = *ͨdͨ·* : *ant (avant)*; = *ͨd* nach altr. *uͨ·*(?), *d* (nach altr. *iͨ·*) + *tͨ·* : *uit* ; = *ͨtͨ·* : *ait (meffait : fait)*, *ist* 1 *(Christ : fist)*; = *ͨdͨ·*, *ͨt+tͨ·* : *ent* 1 *(gent)*; = *ͨd + tͨ·*, *ͨtͨ·* : *it (dit : lit)*; = *ͨ·tͨ·* : *int (vint : vint)* ; = *ͨdͨ·*, germ. *ͨd+tͨ·*, lat. *ͨͨdͨ·* : *art (art)*; = *d* nach attr. *uͨ,*, *d* (nacb attr. *iͨ·*) + *tͨ·* : *uit (nuit)*.

213. *ͨtͨ·* (bzw. *ͨ·tͨ·*) s. 207, 209, 212, = *ͨ·ttͨ·* : *ot (pot)*; = *ͨdͨ·* : *ont* 2 *(semont)*; = *ͨd + tͨ·* : *ert (ert)*; = *ͨd+tͨ·* : *iet* 2 *(griet)*.

214. *ͨ·ͨ tͨ·* = *ͨ·ͨt + tͨ·* : *uet (*estuet)*.

2) = franz. *l* (?).

215. *ͨtͨ·* = *ͨllͨ·* : *il (acētum* wohl durch Suffixvertauschg. mit *-ēlum)*.

3) = franz. ∘.

216. *ͨtͨ·* = ∘ : *ie* (in lat. *-j-ata)*, *ies* 2 *(establies)*, *ive (aive)*, *oie* 1 *(monnoie)*; = *c, d, g* i. gl. St. : *ue* (in lat. *-utam)*; = *c, d, d(j), g(j)* i. gl. St. : *oie* 1; = *c, d, d(j), t(j)* i. gl. St. : *ie*.

217. *ͨ·tͨ·* = *ͨ·tͨ·* : *oes (*poes : joes)*.

218. *ͨtͨ·* (bzw. *ͨtͨ·*) = ∘ : *aires (repaires)*, *ere* 1 *(frere)*, *eres (frcres)*, *iere (arriere)*, *oire* 1 *(tounoire)*, 2 *(prouvoire)*, *oires (prouvoires)*; = *ͨc·* : *aires, iex(?) (viex)*; = *d, g* i. gl. St. : *iere*; = *d, p* i. gl. St. : *oire* 1; = *ͨ·b·* : *oire* 3 *(oirre)*; = *b, c, *p* i. gl. St. : *urent* 1 *(peurent)*.

219. *ͨtͨ·* = ∘ : *e* 1 *(chite)*, *oi (coi)*; = *ͨdͨ·* : *ie (proie)*; = *ͨc·*, *ͨv·*, *ͨd+tͨ·*, *ͨv + tͨ·* : *i* 1 *(oi)*; = *ͨcͨ·*, *ͨdͨ·*, *ͨgͨ·*, *ͨd* (vor *eͨ·*), *·p* (vor *iͨ·*) : *oi* ; = ∞ : *e* 2 *(secre)*; *u* 2 *(rendu)*.

ͨtͨ· s. 217.

220. *ͨtͨ·* = ∞ : *e* 2 *(maufe)*. *t* in *v + tͨ·* s. 219; in *b + tͨ·* s. 249.

Germ. *th* = franz. *t*.

221. *ͨthͨ·* = *ͨtͨ·*, *ͨ·tͨ·* : *onte (*honte)*.

·   unorg. *t*.

222. zw. *ss-r* : *essere* = *-ésbiterum, -*istrum, -istrum, -istulam : estre (*estre)*.

Lat. *tj* *(j = e·*, *iͨ·)*.

1) = franz. *ch*, *ss*, *c*.

223. *ͨtjͨ·* = *c, cj, *ctj, pj*, i. gl. St. : *ache [asse, ace] (grasse)*; = *ctj*, germ. *ts* i. gl. St. : *eche* 1 *(perfondeche)*.

224. *ͨtjͨ·* = *ͨcjͨ·* (urspr. *nce)* *ͨcjͨ·* *(*nic, *nic) : *anche (venianche*; = *ͨciͨ·* (nci, nic) : *enche* 1 [*ense, ence*] *(conscienche)*.

225. *ᶜtjʳ = ∞ : euce (*creuce).
2) = franz. g.
226. ʳtjᵛ = *ʳpjʳ : age, ages (courages); = ʳgʳ, ʳbjʳ, ʳjᶜ (in lat. -aticum).
3) = franz. i (verschm. d. voraufg. Tonv.).
227. s. a = franz. ai bei ai 1; e = franz. i bei -iscnt 2; ?i = franz. i bei iᶜ.
4) = franz. s.
228. in -*antium = ando-s : ans 2 (*roumans).
5) = franz. is (i verschm. mit d. voraufg. Tonvoc.).
229. -atium = -acem : ais 1 (palais); — antea-s : ains 1 s. S. 7; ʳtjʳ = cj, s, sj, *sj, ss, germ. s i. gl. St.: ise 1 [iche, ice] (justiche); = cj, s, germ. s i. gl. St. : ises 1 [isses] (propisses); -*utias = -exeas : uises (*amenuises)s.ises2; -*ctiant=-iciunt: isent 2 (mesprisent).

Lat. t + s = franz. s.
230. ʳt+sᵒ = ʳssᶜᵒ:us 1 (prelas); = *ʳss+sᵒ: as 2 (bas); = ʳsᶜᵒ, ʳssᶜᵒ, ʳt + n. s : es 1 (asses: verites); = ᶜ·sᵘ : us 2 (venus); = ʳsᵛ, ʳadv. s, ᶜsᵒ, ᶜ·s (der 1. sg. prs.), ʳs+sᵘ, ʳssᶜᵒ, ʳss+sⁿ, ʳst+sᵒ, ᶜt + sᵛ : is 2 (lat. -itus:escris); = ʳsᵘ, ᶜ·sⁿ, *ᶜ·sᵒ, ᶜsᶜᵒ, ᶜsᵒ (von x), ᵛsᶜᵒ, ʳcᶜᵛ, *ʳd+sⁿ, ᶜd+ sᵒ, ᶜt + sᵘ, ᶜ·t+sₒ, ʳs+sₒ, germ. ʳsᶜᵒ, ᶜst(j)
+ sᵒ, ᵛd + sᵒ:ois (cois:endrois: dois); = ᶜt + sᵒ : ous (tous: estous); = ᶜ·sᵘ, ᵛd + s:ies 1 (courechies).
231. ᶜt + sᵒ (bzw. ᶜ·t + sᵒ) s. 230; = ʳsᵒ:is 3 (dis); = ᶜ·sᵒ: ains 1 (sains), ans 1 (disans), ors 1, 2 (mors); = *ᶜt+sᵒ, ᶜt(j) + adv. s: ains 1; = *ᵃ·sʳ:aus 1 (assaus); = ᶜ·sᵒ, *ᶜd+sᵒ:ors 1; = ʳs der 1. sg. prs.:uis (fruis); = ᶜn. s, ᶜn. s:iens 2 (laiens) = ʳs+sᵒ, ars 1 (pars); = ʳs (von sc):ais3 (fuis); = ᶜt + n. s: ens2(gens); = ʳt+n.s, ᶜsᶜᵒ:ens 3 (plouremens : parlemens); = ᶜd+sᵒ, ᶜt + n. s: ans1 (pesans).
232. *ᶜt + sᵒ = ᶜ·sᵒ, ᶜt + sᵒ, ᶜt(j) + adv. s:ains 1 (*mains).

Lat. tt = franz. t.
233. ᵛttᵒ = ʳtʳ, ᶜtʳ, ᶜ·tᵒ:oute (goute).
234. *ᵛttᵒ = ᶜtᵒ:otes (*cotes) = ᶜtʳ:ete:ete 1 (*menchoignete).
235. ʳttᶜ = ʳtᶜ:atre (quatre) = ∞ : etre [ettre] (lettre).
236. *ʳttᶜᵒ = ᶜtᵒ:ot (*mot).

Lat. t+t = franz. t.
237. ᶜt + tᵒ = ᵛtᶜᵒ:at (bat).
238. *ʳt+tᵒ=*ᶜtᵒ:uet (*puet).
239. ᶜt + tᵒ = ᶜdᵒ, ᶜtᶜᵒ:ent 1 (gent).

Lat. tt + t = franz. t.
240. ᵛtt + tᵒ = ∞:et (met).

Germ. *tz* = *ch*.

241. *'tz'* = lat. **ctj, tj* i. gl.

St.: *eche* (**bleche*); = germ. *'ch'*: *eche* 2 (**fleche*).

II. Labiale.

Lat. *b.*

1) = franz. *b.*

242. *'b·c'* = *'p·c'* : *oble* (*noble*). *'b,, 'b'* s. 252.

2) = franz. *v.*

243. **'b'* = *v, p* i. gl. St.: *ivent* (**truevent*).

244. *'b'* = *'b·c'*, *'v'* : *ivre* (*livre : delivre*).

3) = franz. *u* (verschm. mit voraufg. *a*)

245. s. *a* = franz. *ò.*

4) = franz *○.*

246. *'b'* = *○* : *oient* 1 (*oient*); = *'g'* : *ues* 1 (*nues*).

247. *'b'* (bzw. *'b·c'*) = *○* : *ete* 1 (*dete*), *ire* 1 (*escrire*), *oit* 1 (*pensoit*), *oute* (*doute*); = *c, *p, t* i. gl. St. : *urent* 1 (*eurent*) = *○*, **p, v* i. gl. St. : *urent* 2 (*burent*); = *○, c, t* i. gl. St. : *ot* (*ot*); = *'t·c'* : *oire* 3 (*boire*); = *'c·c'* : *oit* 1; = *p, l* i. gl. St. : *oute*; = *'n°', 'c·c'* : *ire* 1.

248. **'b·c'* = *'g·c', 'c·c'* : *uis* (**truis*).

249. *'b' + t°* = *'c°', 'm°', 'd°°'*, *'v + t°'* : *a* 2 (in -*abet* prs.) = *∞* : *a* 1 (in -*abet* fut.).

250. *'b·c'* = *○* : *estre* (*prestre*), *ons* 1 (*coulons*); = *'g·c'* : *ons* 1.

257. *'b°°'* = *○*, *'d°°'* : *on* (*plom*).

Unorgan. *b.*[1])

252. zw. *m-l* : *-imul -imulat* : *amble* (*samble*); zw. *m·r* : *-ameram* = *-abem* : *ambre* (*cambre*); : *-cmoro* = *-embrem* : *embre* (*membre*); zw. *m-n* : *ummam* = *-umbam* : *ombe* (*columbe*).

Lat. *bj* = franz. *g.*

253. *'bj'* = *g, cj, *pj, tj* i. gl. St.: *age* (*rage*).

Lat. *p*[2]).

1) = franz. *b.*

254. *'p·c'* = *'b·c'* : *oble* (*Constantinoble*).

2) = franz. *v.*

255. *'p'* = *'v'* : *icve* (*achieve*); = *v, *b* i. gl. St. : *ivent* (*arivent*).

256. *'p·c'* = *'ff·c'* : *ovres* (*povres*); = *○* : *oivre* s. *oire* 2 (*dechoivre*).

3) = franz. *f.*

257. *'p°°'* = *'v°°'* : *ief* (*chief*).

3) = franz. *u.*

258. s. *y* + lab. in *euce.*

---

1) Vereinzelt ist im Innern der Einschub von *b* zwischen *m-l* unterblieben, so z. B. in *humlement* 39,59 *umle* 40,40, *humles* 39,60.

2) *p* kommt im Innern zwischen *m-n* eingeschoben vor, so in : *Solempniae* 18,5, *sollempnite* 20,15, *sollempnelment* 20,19. 56,95, *selempneument* 54,7; *dampnerent* 32,89; *dampne* 32,97, *dampnes* 50,46.

5) $=$ franz. ○.

259. 'p° (bzw. 'p°) $= ○:ades$ (rades), eure (deseure), imes 1 (meisnes), is 2 (escris), isent 1 (escrisent), isme 2 (meisme), ist 1 (descrist), ite (descrite), oire 2, ois (anchois), oute (route); $='v°:eus$ 2 (leus), is 2; $= b$, l i. gl. St.: oute; $= d$, t i. gl. St. : oire 2; $= c$, g i. gl. St.: is 2, ois; $= 'c°:isent$ 1, ist 1, ite; $= ∞: ét$ (set).

260. *'p: $= b$, c, t i. gl. St.: urent 1 (sorent); $= ○, b, v$ i. gl. St.: urent 2 (rechurent).

261. 'p' $= ○: eske$ (vesque), inche(prinche), inches(prinches).

262. 'p° $= ○:ans$ 1 (tans), onte (raconte), ors 1, 2 (cors); $= 'n°:ors$ 1 (cors).

Lat. pj.

1) $=$ franz. ch.

263. 'pj' $= c$, cj, *ctj, tj i. gl. St.: ache (sache).

2) $=$ franz. g.

264. *'pj' $= cj$, g, bj, tj, i. gl. St.: age (*sage); $= 'tj':ages$ (*sages).

Lat. ff. $=$ franz. v (ff, f).

265. *'ff·° $= 'p°:ovres$ [offres, ofres] (*coffres).

Lat. v.

1) $=$ franz. v.

266. 'v' $= 'p':ieve$ (grieve), ivent (cultivent); $= 'u'$ in -iutam, -°iua : ive (plentive); $= *'b':$ ivent.

267. 'v·° $= 'b°, 'b·°:ivre(vivre).

2) $=$ franz. f.

268. 'v'° $= 'p'°:ief$ (grief).

3) $=$ franz. u.

269. s. a $+$ lab. $=$ franz. eu bei eus 2; s. y $+$ lab. $=$ franz. iu unter i.

4) $=$ franz. ○.

270. 'v° (bzw. 'v°) $= ○:te$ (aiue vergl. 266), ies 2 (gries), iet 2 (griet), is2 (nais); $= 'p':$ is 2; $= ○, b, p$ i. gl. St.: urent 2 (connurent).

271. 'v $+$ t° $= ○, 'c°, 'c·°, 'v'°, 't'°:i 1 (in lat. -ivit); $= 'b+t°, 'd'°, 'c°, 'm°:a 2 (in lat. -avit).

'v'° s. 271.

272. 'v° $= ∞:ers$ 3 (sers).

Germ. w [1]) $=$ franz. u.

273. s. a $=$ franz. ó in ôê.

---

1) Das deutsche *w* findet sich im Innern wiedergegeben durch w, ρ so r. B.: warison 7,59. 19,68; enwaimenter 64,3; waimentoit 70,214; waires 11,180; waimentoient 62,99; daneben g: garison 10,32,186. 24,30. 34,23; gaires 10,181. 15,38. garisons 18,33. gaste 46,139; garandise 50,176; gart 52,65; garisse 24,24. garie 24,72.

III. Gutturale.

Lat. *g.*

1) = franz. *g.*

274. *'g'* = *bj*, *cj*, **pj*, *tj* i.
gl. St.: *age (sarcofuge).*

[275. *g* in *gn*, *ng* s. unter *n.*]

2) = franz. *i.*

276. s. *a* + compl. gutt. =
franz. *ai*; *ĕ* + compl. gutt. =
franz. *i*, *oi*; *i͜ᶜᵉ* *(g't)* = franz.
oi; *ŏ* + gutt. = franz. *ui.*

3) = franz. ○.

277. *'g'* = *'b'* : *ues* 1 *(rues);*
= *c*, *d*, *t* i. gl.St.: *ue (rue);* —
(vor *i'*) = ○, *'c'*, *'t'*, *'d* (vor
j, attr. an den voraufg. Tonvoc.)
i. gl. St.: *oie* 1 *(coroie).*

278. *'y'* (vor *o*) = ○: *ange*
(comman -je), *enge (enten -ge).*

279. *'gᶜ* (bzw. *'g'ᶜ*) = ○: *ant*
(cinquante), *ier* 1 *(entier)*, *iere*
(entiere), *iers (entiers)*, *ine*
(orine), *int (vint)*, *oide (roide)*,
ois (dois), *omme (somme);* = *d*,
t i.gl. St.: *iere*; = *'p'*, *'c'*: *ois*; —
nach attr. *i'* = ○, *v*, *c*, *p* i. gl.
St.: *is* 2 *(lis).*

280. *'g'ᵃ* = ○, *'d'ᵃ*, *'p'ᵃ*, *'c'ᵃ*,
'd'ᵃ, *'t'ᵃ*, *'d* u. *g* (vor *i'*): *oi (loi).*

281. *'gᶜ* = ○, *'bᶜ* : *ons* 1
(lons).

Germ. *g* = franz. ○.

282. *'g'ᶜ* = ○: *ours* 2 *(*bours).*

Lat. *c.*

1) = franz. *c.*

283. *'c'ᶜ* = **'c'* : *acre (diacre).*

2) = franz. *qu*, *k.*

284. **ᵉc'* = *'c'ᵃ* : *eske (*leske :
vesque).*

3) = franz. *ch* [*ss*].

285. *'c'* = *cj*, **ctj*, *pj*, *tj* i.
gl. St.: *ache (efficasse).*

286. *ᶜ'c'* = germ. *'cc'* : *ouche :
(couche : *chouque).*

287. *'c'ᶜ* = *'cj'* : *inche (prinche)*,
inches (prinches).

4) = franz. *i* (verschm. mit dem
voraufg. Tonvoc.).

288. s. *a* + gutt., *a* + compl.
gutt. = franz. *ai*; *ĕ* + gutt.,
e + compl. gutt. = franz. *i*, *oi*;
e + compl. gutt. = franz. *oi;*
i͜ᶜᵉ = franz. *i*; *u* + gutt. u. *o*
u. *u* compl. gutt. = franz. *ui;*
au *'(c)* = franz. *oi.*

5) = franz. *is.*

289. s. *-acem* : *ais* 1; — *-acet* :
aist; *-ĕcerunt* : *isent*; *-ĭcem*, *-ŏcem*,
-ŭcem, *-ŭcem* : *ois.*

6) = franz ○.

290. *'c'* = ○ : *age* (in lat.
-aticum), *ages* (in lat. *-aticos*),
ie (amie), *ient (dient)*, = *d*, *g*,
t i. gl. St. : *ue (menjue)*; = *'t'*, *'d*
(vor *j*, attr. an d. voraufg. Tonvoc.)
y (vor *i'*), *oie* 1 *(otroie);* = *d*,

germ. *c* i. gl. St., *d* u. *t* (+ *i'*) *(amie : *crie)*; — *(?)* = *'r'* : *iues* s.-*ieres (liues)*.

291. *'c'* (bzw. *'c'*) = ○ : *otes (flotes), aus* 2 *(fremaus), ete* 2 *(disete), iex, oel (oel) ot (plot);* = *'t'* : *iex (iex);* = *p, v* i. gl. St. : *ut* 1 *(jut);* = *b, t* i. gl. St. : *ot; b, *p* i. gl. St. : *urent* 1 *(pleurent).*

292. *'c'ʋ* = ○ : *ai (lai), eu (peu?);* = *'t'* : *u* 1 *(fu).*

293. *'c⁰* = *'a'ʼ, 'm', 'b+tᵒ, 'v + tᵒ : a* 2 *(la);* = *'t'ᵒ, 'v'ᵒ, 'd + tᵒ, 'v + tᵒ : i* 1 *(ensi).*

Germ. *c*.

1) = franz. *ch*.

294. *'c'* = *(?)* *'scj* (urspr. *sci) : iches* s. *ises* 2 *(*riches);* = lat. *'ch'*, germ. *'cc'* : *oche (*croche: *cloche).*

2) = franz. ○.

295. s. 290.

Germ. *cc*.

1) = franz. *qu*.

296. *'cc'* = lat. *ʻ-c'* : *ouque (*chouque: couche).*

2) = franz. *ch*.

297. s. 294.

Lat. *ch* = franz. *ch*.

298. *'ch'* = germ. *r, cc* i. gl. St. : *oche (perroche).*

Germ. *ch* = franz. *ch*.

299. *'ch'* = germ. *'tz'* : *eche* 2 *(*teche).*

Lat. *cj*.

1) = franz. *ch*.

300. *'cj'* = *c, pj, tj, *ctj* i. gl. St. : *ache (fache).*

301. *ʻcj'* (urspr. *nce') = *ʻcj'* (urspr. *nce, nic), 'tj'* : *anche (lanche: *Franche : *manche;* — (urspr. *nci', nic') = 'tj'* : *enche* 1 *(Pronvenche);* = *ʻc'* : *inche (provinche), inches (provinches). .*ʻcj'* s. 301.

2) = franz. *is* (*i* verschm. mit d. voraufg. Tonvoc.).

302. -*aceam : aise* 1 *(fournaise);* -*aceat : aise* 2 *(plaise);* in -*icium* = intervoc. *s, sj, ss, tj,* germ. *s : ise* 1 [*isse, iche, ice*]; in -*iciaʼ, -icios, -icius* = intervoc. *s, sj, ss, tj,* germ. *s : ises* 1 [*isses*]; -*iciunt* = -*ẽtiant : isent* 2 *(despisent).*

Lat. *ctj* = *ch*.

303. **ʻctj'* = *c, cj, pj* i. gl. St. : *ache (*trache);* = *tj,* germ. *ts* i. gl. St. : *eche* 1 *(*adreche).*

Lat. *x* = franz. *is* (*i* verschm. mit d. voraufg. Tonvoc.).

304. -*axum : ais* 4 *(eslais);* -*ixerunt : isent;* -*ixit : ist* 1 ; -*ex, -ix : ois; -uxit : uist; -exeam : isse* 2, -*exeas : isses* 2.

Lat. *h* = franz. *i* (verschm. mit d. voraufg. Tonvoc.).

305. s. *a* + gutt. = *ai*.

Germ. *h* = franz. *i* (verschm. mit d. voraufg. Tonvoc.).

306. s. germ. *a*ᵉ + compl. gutt. : *ains* 1, *aint* 2.

Lat. *j* (*j* = *e*) = franz. *j*.

307. *ʾj* (in -*ucio* -*ego*) = *ʾg*, *ʾlj*, *ᵗʾpj*, *ᵗlj* : *age* (*fai* -*je*). s. *bj*, *cj*, *dj*, *nj*, *pj*, *lj*, *rj*, *sj*.

IV. Liquide.

Lat. *l*.

1) = franz. *l*.

308. *ʾl* = *ʾll* : *oule* (*goule*); = *l* nach voraufg. *j* : *ales* [*ailes*] (*sodales* : *bailes*); = *ᵗʾl*, *ᵉ·l*, *ʾll* : *ole* (*escole* : *ᵗcarole* : *parole*); = germ. *ʾl*, *ʾlh* : *ale* (*male*).

309. *ᵗʾl* = *ᵉ·l* : *olent* (*ᵗcarolent* : *purolent*).

310. *ʾl·ᵘ* = *ʾll·ᵘ* : *al* (*roial*); = germ. *ʾl·ᵘ*, lat. *ᵗʾl·ᵘ* : *uel* (*poig-nuel* : *ᵗorguel* : *ᵗesquel*).

311. *ᵉ·l* s. 308. = *ᵉ·l* vor angetr. Stütze) : *amble* (*samble* : *ensamble*).

l nach voraufg. *j* s. 308.

2) = franz. *r*.

312. *ᵉ·l* = *ᵉr* : *estre* (*festre*), *itres* (*capitres*).

3) = franz. u.

313. s. *a* = franz. *au*, *eu*; *e* = franz. *ieu*; *i* = franz. *eu*; *u* = franz. *ou*.

Germ. *l* = franz. *l*.

314. *ʾl* s. 322. = *ʾlh*, lat. *ʾl* : *ale* (*ᵗsule* : *ᵗmale*).

ʾl·ᵘ s. 310.

Germ. *lh* = franz. *lj*.

315. s. 314.

Germ. *ht* + *ll* = franz. *lj*.

316. s. 318.

Germ. *lj* = franz. *lj*.

317. s. 318.

Lat. *lj*, *jl*, *llj*.

1) = franz. *lj*.

318. *ʾlj* = *ᵗc'l* : *elle* 2 (*conselle* : *orelle*), *elles* (*conselles* : *oelles*); = *ʾllj* (*j* = *iᵣ*), *ᵗᵗc'l*, germ. *hi* + *ll* : *aille* (*paille* : *faille* : *ᵗmaille* : *ᵗtouaile*).

319. *ʾjl* (*j* = urspr. *c*) s. 318; = *ʾjl* (*j* = urspr. *gi*) : *elle* 1 (*sounelle* : *velle*).

320. *ʾllj* (*j* = *ig*) = germ. *ʾlj* (*j* = *iᵣ*) : *uellent* (*aguellent* : *ᵗorguellent*); = *ᵗʾlj* (*j* = *iᵣ*) : *uelles* (*aquelles* : *ᵗvelles*).

2) = franz. u.

321. s. *a* = franz. *au* bei -*aus* 2; *e* u. *o* = franz. *ieu*; *u* = franz. *ou* s. *oul*, *oule*.

Lat. **ll.**

1) = franz. **l.**

322. ᵛllᵛ − •lᵛ : ole (fole), oule (saoule); = •lᵛ : ole, oles (foles); = *ᶜlᵛ : ole; = germ. •lᵛ, lat. ᵛl nach attr. j : ile (vile : *gile : evangile).

323. •llᵛ• = •lᵛ⁰ : al (val); = ᶜlᵛ• (?) : il s. 215.

2) = franz. **u.**

324. s. a, e, i = franz. au; o = franz. eu.

12) = franz. ⊙.[1])

325. ᵛllᶜ = ∞ : us 2 (nus).

Lat. **m.**

1) = franz. **m.**

326. ᵛmᵛ = ᵛm'nᵛ, ᵛn'mᵥ : ame (fame).

327. *ᵛmᵛ = ᵛm'nᵛ : ume (*costume).

328. ᶜmᵛ = ᶜm'nᵛ : erme (ferme).

329. ᶜ•mᵛ = ᶜm'nᵛ : imes 1 (crimes).

2) = franz. **mm.**

330. ᵛmᵛ = ᵛmmᵛ, ᵛm'nᵛ, ᶜmᵛ (nach g), ᵛnᵛ : omme [oume, ome] (Romme : somme); = ᵛm'nᵛ : ommes (lisommes).

ᶜmᵛ (nach g) s. 330.

3) = franz. **n.**

331. ᵛmᶜ (bzw. ᵛmᶜ) = ᵛnᶜ, ᵛnᶜ : iens 2 (riens), ons 1 (taisons);

= *ᵛ*°, germ. ᵛnᶜ onte (raconte); = ᵛnᶜ, ᵛnnᶜ : ans 1 (tans); = ᵛn'mᶜ : ons 1.

332. ᵛmᵛ° = ᵛn°, ᵛn°•, ᵛmm°• : on 1 [om] (hom).

333. ᵛm° = ᵛn°• : ien (rien).

4) = franz. ⊙.

334. ᵛm° = ᵛcᵛ, ᵛdᵛ°, ₊b + tᵛ°, ᵛv + tᵛ : a 2 (ja).

335. ᶜmᵛ° = ᶜnᵛ° : ier (vier).

Unorgan. **m.**

336. zw. a–b in tabem = -ameram : tambre (tambre).

Lat. **mj** (j = ᵗᵛ) = franz. **ng.**

337. *ᵛmjᵛ = ᵛnjᵛ : enge (*loenge).

Lat. **mm.**

1) = franz. **mm.**

338. ᵛmmᵛ = m, n, mn, m'n i. gl. St., ᶜmᵛ (nach g) : omme (somme : homme : somme).

2) = franz. **m.**

339. ᵛmmᵛ° = ᵛmᵛ°, ᵛn° : om on 1 (som).

Lat. **m'n.**

1) = franz. **mm.**

340. ᵛm'nᵛ s. 338; = ᵛmᵛ : ommes (hommes).

2) = franz. **m.**

341. ᵛm'nᵛ = *ᵛmᵛ : ume (volume); = m, n'm i. gl.

---

1) Für den Ausfall des **l** gibt unser Text wenig Belege; im Innern kommen vor: cop 58,115; sepucre 69,239. sepucres 29,15; basme 8,47.

St.: *ame[emme] (dame)*; = ᵛ*n'm*ᵛ
: *ames [emmes, emes] (femes)*.

342. ᶜ*m'n*ᵛ = ᶜ*m*ᵛ : *erme
(terme), imes* 1 *(crimes)*.

Germ. ***mnj** (j = t*ᵛ*)* = franz. *gn*.
343. ᵛ*mnj*ᵛ = ᵛ*nj*ᵛ : *aigne* 1
*(*engaigne)*.

Lat. *n*.

1) = franz. *n*.

344. ᵛ*n*ᵛ = ᵛ*n* (vor *i*ᵛ) : *aine
(certaine : demaine)*; = *ᵛn (vor
*i*ᵥ) : *aines* 1 [*aignes*] *(lontaines :
**Giretaignes)*; = ᶜ*n*ᵛ : *ine (roine
: orine)*.

345. *ᵛ*n*ᵛ = ᶜ*n*ᵛ : *osne (*ram-
prosne : aumosne)*.

346. ᵛ*n*ᵉ (bzw. ᵛ*n*ᶜ) = ᵛ*m*ᶜ :
iens 2 *(biens)*; = ᵛ*m*ᶜ, ᵛ*nn*ᶜ : *ans*
1 *(grans)*; = ᵛ*m*ᶜ, ᵛ*m*ᶜ : *ons* 1
(in lat.-*ones)*; = ᶜ*n*ᵉ : *ante (cante:
cinquante), int (vint : vint)*; =
ᵛ*n'm*ᶜ : *ons*1*(lons)*; = ᵛ*n* (vor ausg.
*i*ᵛ) : *onde* 2 *(monde : faconde)*; =
germ. ᵛ*nn*ᵛ : *onne (bone)*; = ○ :
unse s. *use (repunse)*.

347. *ᵛ*n*ᶜ = ᵛ*m*ᶜ, germ. ᵛ*n*ᶜ :
*onte (*monte : *honte)*.

348. ᵛ*n*ᵒ s. 349; = ᵛ*m*ᵒ : *ien
(bien)*.

349. ᵛ*n*ᵒ = ᵛ*m*ᵒ, ᵛ*mm*ᵒ, ᵛ*n*ᵒ :
on 1 *(non : mon)*.

350. ᶜ*n*ᵛ = ○ : *ombe*; ᶜ*n*ᵛ s. 344.
ᶜ*n*ᶜ s. 346.

2) = franz. *m*, (*n*).

351. ᵛ*n*ᵛ = germ. ᵛ*nn*ᵛ : *onne
[oune] (personne)*.

3) = franz. *r*.

352. a) ᶜ*n*ᵛ = *ᶜr*ᵛ : *acre(diacre)*.
   b) *ᶜ*n*ᵛ = ᶜ*r*ᵛ : *offres* s. *ovres
(*coffres)*.

4) = franz. ○.

353. ᵛ*n*ᶜ = ○ : *ire* 1 *(sire), ires
(sires)*; = ᵛ*b*ᶜ, ᵛ*c*ᶜ : *ire* 1.

354. ᶜ*n*ᶜ = ○ : *ers* 1 *(ivers), ors* 1
(cors), ours 3*(retours)*; = ᶜ*p*ᶜ : *ors*1.

355. ᶜ*n*ᵒ = ○ : *our (tour)*;
= ᶜ*m*ᵒ : *ier (ivier)*.

Germ. *n* = franz. *n*.
356. s. 344, 347.

Lat. *ndj*.

7) = franz. *ng*.

357. ᵛ*ndj* (in -*undo* -*ego*) =
ᵛ*nj* (j = e) : *ange|an -je] (comman
-je)*; — (in -*endo* -*ego*) = *ᵛ*mj*ᵛ
(j = i) : *enge (enten-ge)*.

Lat. *gn*.

1) = franz. *gn*.

358. ᵛ*gn*ᵛ = sec. *d* + *n* st.
lat. *n* + *d* : *egne (regne)*; =
ᵛ*nj*ᵛ, ᵛ*ndj*ᵛ : *oigne* 1 *(proloigne :
resoigne : vergoigne)*.

Lat. *nj* (j = e*ᵛ*, t*ᵛ*)* = franz. *gn*.

359. ᵛ*nj*ᵛ s. 344, = ᵛ*nj* (ur-
spr. *n'c)*, germ. *nj*ᵛ : *oigne* 2 [*oine*]
*(Gascoigne : moine : *besoigne)*; =
germ. ᵛ*mnj*ᵛ : *aigne* 1 *(ouvraigne)*.

*^{v}nj ^{v} s. 344.

Germ. nj = franz. *ng.*

s. 359.

360. $^{v}nj^{cv}$ = ∞ : *oing* (*soing*).

Lat. nn = franz. *n.*

361. $^{v}nn^{c}$ = $^{v}m^{c}$, $^{v}n^{c}$: *ans* 1 (*ans*).

Germ. nn = franz. *nn,* (*n*).

362. $^{v}nn^{v}$ = lat. $^{v}n^{v}$: *oune* s. *-onne* (*toune*).

Lat. $n'm.$

1) = franz. **m.**

363. $^{v}n'm^{v}$ = *m, m'n* i. gl. St.: *ame* (*ame*); = $^{v}m'n^{v}$: *ames* (*ames*).

2) = franz. **n.**

364. $^{v}n'm^{c}$ = $^{v}m^{c}$, $^{v}m^{c}$, $^{v}n^{c}$, $^{v}n^{c}$: *ons* 1 (in lat. *onem-s*).

Lat. **r.**

2) = franz. **r.**

365. $^{v}r^{v}$ = $^{c}r^{v}$: (*aire : Biaucaire*), *eure* (*eure : deseure*); *iere* (*chiere : entiere*); = *irent* (*fouirrent : virent*); = ^{v}r (nach attr. i^{v}) : *aire* (*aire* : lat. *-ariam*); *iere* (*maniere*); *ieres* (*chieres : plenieres*), *ire* 1 (*chire : martire*); *oire* 2 (*espoire : istoire*); = $^{v}r^{v}$, ^{c}r (vor Stützv.), $^{v}r + r^{a}$, $^{v}rr^{cv}$: *ere* 1 (*austere : frere*); = $^{v}c^{c}$ (?) : *ieres* (*chieres*); = germ. *r* (nach attr. i^{v}) : *aire* (*haire*); = $^{c}r^{v}$: *oire* 2 (*prouvoire*).

366. $^{v}r^{c}$ (bzw. $^{v}r^{c}$) = $^{c}r^{c}$, ^{v}r nach attr. i^{v}) : *iers* (*chiers : entiers:*

lat. *-arius*); = $^{v}rr^{c}$: *orde* (*recorde*); = germ. $^{v}r^{a}$, lat. *$^{v}r^{c}$: *art* (*art* : *gart : *Maar*); = ○ : *iers* s. *ies* 1 (*ahaniers*).

367. $^{v}r^{c}$ = $^{c}r^{cv}$: *air* (*air : flair*), *ier* 1 (*fier : entier*); = $_{v}rr^{cv}$ *$^{v}r^{cv}$: *our* (in lat. *-orem : *retour*); = $^{v}r^{a}$, $^{v}rr^{cv}$: *uer* (*fuer : cuer*).

*$^{v}r^{c}$ s. 367.

368. $^{c}r^{v}$ (bzw. $^{c}{}^{v}r^{v}$) s. 365; = ○ : *istre* (*menistre*); = $^{c}l_{v}$: *estre* (*prestre*), *itres* (*mitres*); = ^{c}s (vor attr. i^{v}) : *oire* 1 (*tounoire*); = $^{rcv}n^{v}$: *ovres* (*povres*); = unorg. *r* zw. *st-e : istre, istres* (*menistres*).

369. *$^{c}r^{v}$ = $^{c}n^{v}$: *acre* (*machacre*); = ^{c}r (nach attr. i^{v}) : *uire* 1 (*destruire*).

$^{c}r^{c}$ s. 367.

2) = franz. ○.

370. $^{v}r^{c}$ = ∞ : *us* 1 (*jus, sus*).

371. $^{c}{}^{v}r^{v}$ = ∞ : *isent* 1 (*misent*).

Germ. *r* = franz. *r.*

s. 365, 366.

372. $^{v}r^{c}$ = *$^{v}rr^{c}$: *ours* (*bours*).

unorg. **r.**

373. zw. *st-* Voc. : in *-isti* = *-istri : istre* (*tristre*); in *-istes* = *-istros : istres* (*tristres*).

Lat. rj ($j = i^{v}$, e^{v}) = franz. *ir* (*i* verschm. mit d. voraufg. Tonv.)

374. s. a^{c} + attr. j = franz.

ai; au^c, o^c+ attr. *j* = franz.. *oi; o^c+* attr. *j* = franz. *ui.*

Lat. *rr* = franz. *r.*

375. ^{v}*rr*^{c} = *vr*^{c} : *orde (orde)* = ○ : *ers* s. *es* 2 *(fers)*.

376. ^{c}*^{v}rr*^{o} = germ. ^{v}*r*^{c} : *ours* 2 *(*rebours)*.

377. ^{v}*rr*^{c}^{o} = ^{v}*r*^{c}^{o}, **^{v}r*^{c}^{o} : *our (tour)*; = ^{v}*r*^{o}, ^{v}*r*^{c}^{o} : *uer (puer)*.

Lat. *s.*

1) = franz. *s.*

378. ^{v}*s*^{v} = ^{c}*s*^{v} : *use* : *(use : repunse)*; = *ss, cj, sj, tj*, germ. *s* i. gl. St. : *ise (devise), ises* 1 *(prises)*; = **^{v}s* (von *sc*), ^{v}*s* (von *e*^{v}) : *oise (empoise : *harnoise : noise).*

379. ^{v}*s*^{c} (bzw. ^{v}*s*^{c}) = ○ : *isent* 1 *(prisent)*; = ^{c}*s*^{c} : *isent* 1 *(escrisent), ist* 1 *(quist : descrist)*; = **^{v}s*^{c}, **^{v}ss*^{c} : *estre (prestre : *cavestre : *estre)*; = ^{v}*ss*^{c}, ^{c}*s* (von *x*) *ist* 1 *(dist : descrist)*; = unorg. *s* (eingeschoben vor *n*): *osne (aumosne)*, = **^{v}s*^{c} : *eske (vesque).*

*^{v}s^c s. 378, 379.

380. **^{v}s*^{c}^{o} = ^{v}*t*+*s*^{o}, ^{v}*t*+ n. *s*, ^{v}*ss*^{c}^{o} : *es* 1 *(mes)*; = ^{v}*ss* + *s*^{o} : *os (enclos)*; = ^{v}*s*^{o}, ^{v}*s* + *s*^{o} : *eus* 1 *(precieus : deus)*; = ^{v}*s*^{o}, ^{c}*s*^{o}, **^{c}s*^{o}, ^{c}*s*^{o} (von *x*) ^{c}*s*^{c}^{o}, ^{v}*c*^{c}^{o}, ^{v}*s*+*s*^{o}, ^{v}*d*+*s*^{o}, ^{c}*d*+*s*^{o}, ^{v}*t*+*s*^{o}, ^{v}*t* + *s*^{o}, germ. ^{v}*s*^{c}^{o}, *st (j)* + *s*^{o}, ^{v}*d*+*s*^{o} : *ois (defois : trois : *renois : anchois);*

= ^{v}adv. *s*, ^{o}*s*+*s*^{o}, ^{v}*ss*^{c}^{o}, ^{v}*ss*+*s*^{o}, ^{v}*st*+*s*^{o}, ^{v}*t*+*s*^{o}, ^{c}*s* (der 1. sg. prs.), ^{c}*s*^{o}, ^{c}*t*+*s*^{o} : *is* 2 *(quis : judis : lis : amis)*; -- *(sc)* = ^{c}*t* + *s*^{o} : *ais* 3 *(fais).*

^{c}*s*^{v} s. 378.

381. **^{v}s*^{c}^{o} = ^{c}·*s*^{o} : *ies* 2 *(*ries : gries).*

382. ^{v}*s*^{o} s. 380; = ^{c}*t*+*s*^{o} : *is* 3 *(dis)*; = ^{v}*s*+*s*^{o} : *us* 3 *(plus)*; = ^{v}*n. s*^{v}, adv. *s* : *aires* (in lat. *-arias* : *afaires* : **waires*); = ^{c}*n. s eres (freres : peres), imes* 1 *(crimes : meismes), ires (martires : sires).*

383. ^{c}*s* = ○ : *imes* 2 *(mesmes)*; = ^{v}*ss*^{c} : *isme* 2 *(meisme).*

384. ^{c}*s*^{c}^{u} s. 380; = ^{c}*t*+*s*^{o}, ^{c}·*t*+*s*^{o}, ^{c}*t* + n. *s* : *ens* 3 *(sens).*

385. ^{c}·*s*^{o} s. 380; = ^{v}*d* + *s*^{o} : ^{v}*t* + *s*^{o} : *iers* s. *ies* 1 *(ahaniers)*; = ^{c}*d*+*s*^{o}, ^{v}*t*+*s*^{o}, ^{v}*t* + n. *s* : *ans* 1 *(tans)*; = **^{c}d*+*s*^{o}, ^{v}*t*+*s*^{o} : *ors* 1 *(fors)*; = **^{v}d* (vor *j*) + *s*^{o} : *eus* 3 *(veus)*; = ^{v}*t*+*s*^{o} : *ors* 2 *(cors)*; = ^{c}*n. s* : *ons* 1 *(taisons : hons)*; = ^{c}*s* + *s*^{o} : *ers* 1 *(ivers)*; = ^{c}*t*+*s*^{o}, **^{c}t* + *s*^{o}, ^{c}*t (j)* + adv. *s* : *ains : mains)*; = ^{c}*s* (von *x*) : *ais* 4 *(lais)*; = ^{v}*ss*^{c}^{o}, ^{v}*ss* + *s*^{o}, **^{v}st(j)* + *s*^{o} : *es* 2 *(fers)*; = ^{v}*t*+*s*^{o} : *us* 2 *(nus).*

386. **·s*^{o} = ^{c}*t* + *s*^{o} : *aus* 1 *(*vassans)*; = ^{c}*n. s* : *ains* 2 *(*Oains : compains)*; = ^{c}*s*+*s*^{o} : *ours* 3 *(*retours).*

387. ᶜ·ᵃ der 1. sg. prs. s. 380;
= ᵛt + ᵃ° : uis (ruis).

388. ᵛadv. s s. 380, 382, 385.

389. ᵛn. s s. 382.

ᶜn. s s. 384, 385, 386; =
ᶜn. s, ᵛt + ᵃ° : iens 2 (riens : biens).

2) = franz. x.

390. ᶜ·ᵃ° (nach l) = ᵛs + ᵃ°
(nach ᵈ) : iex (iex).

3) = franz. ◦.

391. ᶜ·ᵃ° = ᶜ·m° : ief (grief).
d + s s. d; t + s s. t.

Unorgan. s.

392. vor n eingeschoben in
-*onam = -osinam : osne (*ram-
prosne).

Germ. s = franz. s.

393. s. 380.

Lat. sc = franz. is.

394. in -ascem s. ais 2; in
-*iscam s. oise; -iscit s. is 2.

Lat. scj = franz. ich(?)

395. ᵛscjᵛ = germ. ᵛcᵛ : iches
s. ises 2 (niches).

Lat. sj.

1) = franz. is (i verschm. mit dem
voraufg. Tonvoc.).

396. s. aᵉ + altr. j = franz. ai;
eᵉ + altr. j = franz. oi; e u. i
(+ iᵛ) = franz. i.

2) = franz. ir (i verschm. mit d.
voraufg. Tonvoc.).

397. in -auseam = -itrum :
oise s. oire 1 (noise).

Lat. ss.

1) = franz. ss.

398. ᵛssᵛ = ᶜᵛtjᵛ : esse 1
(presse: *engresse).

2) = franz. s.

399. ᵛssᵛ = s, cj, sj, tj, germ.
s : ise 1 (mise); = cj, sj, tj, germ.
s : ises 1 (mises).

400. ᵛssᶜ = ᶜs·ᶜ : isme 2 (sain-
tisme); = ᵛsᵃ, ᶜsᶜ, ᶜs (vor x):
ist 1 (mist).

401. *ᵛssᶜ = ᵛsᶜ, *ᵛsᶜ : estre
(*estre).

402. ᵛssᵛᵃ = ᵛt + ᵃ° : as 1
(prelas); = ᶜ·sᵃ, ᵛss + sᵃ, *ᵛst(j)
+ sᵃ : es 2 (ses: confes: *engres);
= ᵛsᵛᵃ, ᵛt + n. s, ᵛt + sᵃ : es 1
(mes); = ᶜ·sᵃ, ᶜs (der 1. sg. prs.)
ᵛsᵃ·ᵃ, ᵛadv. s, ᵛt + sᵃ, ᵛt + sᵃ,
ᵛs + sᵃ, ᵛss + sᵃ, ᵛst + sᵃ : is 2 (apris
: mis : mis : Jhesucris).

Lat. ss + sᵃ = franz. s.

403. ᵛss + sᵃ s. 401; = ᵛsᵛᵃ :
os (gros).

404. *ᵛss + sᵃ = ᵛt + sᵃ : as 2
(*debas).

Lat. s + s = franz. s.

405. ᵛs + sᵃ = ᵛsᵃ, ᵛsᵛᵃ : eus 1
(precieus); = ᶜ·sᵃ (nach l): ieus
(orieus) s. iex; = ᵛsᵃ : us 3 (us);
= ᵛsᵃ, ᶜsᵃ, ᶜ·sᵃ, ᶜsᵃ (von x), ᶜsᵛᵃ,
ᵛcᵛᵃ, ᵛd + sᵃ, ᵛt + sᵃ, ᵛt + sᵃ, ᶜt + sᵃ,
germ. ᵛd + sᵃ, ᵛsᵛᵃ, st(j) + sᵃ:
ois (mois : *escrois).

406. *s + s⁰ = *s⁰ : ers 1 (vers), | Lat. *tj = franz. ss.
ours 3 (secours); = *t + s⁰ : ars | 409. s. 398.
1 (espars).
Lat. snj = franz. ch. | Lat. *st(j) + s = franz. s.
407. *ssj* = *dic* : aches 2 | 410. s. 402.
(*abaches).
Lat. st + s = franz. s. | Germ st(j) + s = franz. s.
408. s. 402. | 411. s. 404.

Flexion.

Substantiva.

Die Substantiva der lat. 2. und 4. Declination sind durchweg richtig flectirt n. sg. -s, obl. sg. -, n. pl. -, obl. pl. -s.
Die Neutra der lat. 2. Declination sind im sg. zum masc. der 2., s. oincs, ens 3, ises 1, im pl. (obl.) zum masc. der 2., s. ais 3, iex, ilres, oder zur a decl. übergetreten, s. itrs. Bei den masc. der 3. Declination, einschliesslich der Substantive auf -re, zeigt sich auch keine Abweichung von der bekannten Flexion n. sg. -s, obl. sg. -, n. pl. -, obl. pl. -s; nur homo macht eine Ausnahme. Zwar kommt im n. sg. neben der gewöhnlichen Bindung mit -onem, hons 7,40 und homs 11,117 = orisons vor, jedoch liesse sich in beiden Fällen orison für orisons einsetzen. Ebenso lässt sich homme als n. sg. = -nomme 56,136 durch Umstellung beseitigen:

> . . . . la lettre nomme
> Ermesinde en droit non; cel homme
> Apresses fu de grant malage
> Lies: . . . . nomme en droit non
> la lettre Ermesinde; cel hom etc.

eine Vermutung, welche gestützt wird durch eine ähnliche Stelle 18,4: »et que par non nomme l'istoire«.
Die Neutra der lat. 3. Declination sind der der masc. gefolgt.
Die Feminina der 1. Declination sind regelmässig; die der 3. Declination weichen von der gewöhnlichen Flexion n. sg. -s, obl. sg. -, n. pl. -s, obl. pl. -s nur in folgendem Falle ab: mere n. sg. = -ëru 17,31; = -atrem 70,172.
Der Vocativ zeigt in den meisten Fällen die Form des nom. im sg. und pl., die des acc. nur in den folgenden: im Innern in pere voc. sg. 63,9; die Bindung frere 60,14 = -eriem ist nicht zwingend; in dem Eigennamen: Eloy = -ë 26,21; = -egem 63,9; sire entbehrt regelrecht des n. s 26,30: sire = dire,

hingegen einmal mit *s* : *-enior-s* = *-*irius* s. *-ires*. — Bei den
Eigennamem weicht unser Text von der sonstigen Regelmässigkeit
der Flexion verhältnissmässig am meisten ab: so steht nicht der
zu erwartende nom. sg. in *Severin* n. sg. = *Seclin* obl. sg. 29,22;
(auch 29,23,24 scheint durch diesen Fehler versehen zu sein, wenn
man auch hier ohne Schwierigkeit ändern könnte), in *Galeboide*
n. sg. = *roide* n. pl. 28,23; in *Dathan* n. sg. 31,46 = *Sathan*
obl. sg.

Adjectiva und Participia

flectiren meist regelmässig wie die Substantiva, sowohl wenn
sie praedicativ, wie wenn sie attributiv stehen. Ewähnenswert
sind nur als Ausnahmen von den Adj. der lat. 3. Declination n.
sg. f. ohne *-s* : *convenable*, *estable* = *-abulam* 10,128, 39,86;
während der Fall 14,19 nicht beweisend ist. Die Verstösse
gegen die Flexion in 62,23—26 sind, die beiden ersten wenigstens
mit Sicherheit, zu beseitigen und ist *mises*, *grises* herzustellen
(cf. 17,40 eine gleiche Stelle), bzw. *desprises*, *dounes*. Die
Collation besagt, dass von Zeile 21—26 die folgenden einge-
klammten Buchstaben 21: *et e[n sa vie]*, 23 *m[is]*, 24 *gri[s]*, 25
despris[e], 26 *donn[e]* mit der Minitatur der voraufgehenden Seite
weggeschnitten sind. Nur scheinbar fehlerhaft ist 55,90: *»dont il
se sentoit trop meffais«*. Beim Reflexiv steht der nom. sg. statt
des obl. im afr. regelrecht s. Tobler: *dis don vrail aniel* p. 27.
Das secundäre Feminin tritt, wie die Reime beweisen, erst selten
auf. Es begegnen nur *fole* (n. obl. sg.) = *parole*; *commune* =
cascune; im Innern *grandes* 19,20; in 36,12 hingegen verbessert
die Coll. *pontificale* in *pontifical*.

talis. masc. n. sg. *teus* 8,95, 59,34; *tes* 58,25, obl. *tel* 10,203;
fem. n. sg. *tele* 55,28, *teus* 30,43, 34,50, *tex* 67,21, *tes* 70,127;
obl. neben dem gewöhnlichen *tel*, *tele* 9,177, 50,222,223, 69,72;
n. pl. *teles* 58,24; obl. pl. *teles*.

qualis. fem. obl. sg. neben dem gewöhnlichen *quel* : *quele* 11,192,
62,221 (Coll.).

maint geht in den vorliegenden Fällen regelrecht im masc.
nach der *o* Declination, im fem. nach der *a* Declination.

Personalpronomina.

Bei dem Personalpronomen finden sich neben den bekannten
Formen, wie *je, jou, le* für *la* obl. sg. f.: *li* für *lui* beim fem. im
dat. sg., so 69,10, *ele (sc. la roine) ot a li*. Auffallend ist die
Construction: *mayré sien le convenoit* 69,40 cf. 48,50.

Bei den Possessivpronomen zeigen sich im obl. sg. masc.
neben *mon, son*: *men, mien, sen, sien*; im nom. sg. fem. *te* neben

ta, se neben *sa* und im masc. n. pl. neben *mes, tes* : *mi* 14,66, *ti* 54,148, 60,37, *si* 15,59, 19,125, 20,106 etc., im obl. pl. die gekürzten Formen *nos, vos, vo* 64,14 neben *nostre, vostre.* Bemerkenswert ist der Fall 49,61 : *desloie pren le tiue chose.*

Als alleinstehendes Pronomen *possess.* ist im fem. sg. *siue* = *aïue* hervorzuheben s. Auc. et Nic. p. 66.

Demonstrativpronomen.

a) masc. n. sg.: *chiel, chiex* 14,60; obl. sg. *chel, chelui,* bet. *chelui;* n. pl. *chil, ichil* (1 ×), *chius* 36,26, *chiux* (Coll.) für *chieus* 7,98; obl. pl. *chaus, chiaus, chius* 24,89, *ceus* 5,64. fem. nom. obl. sg. *chele* (18,30 ist wohl zu ändern in : *Tant que la) ichele* (1 ×), obl. pl. *cheles.*

b) masc. n. sg. *chis, chest* (1 ×) 70,278 : *a chest met chest liures (liure* Schreibfehler) *defin;* obl. sg.: *chest, ce, che, iche* (1 ×), betont *che* 15,30, 16,22, 17,4,9,16 etc., *chou;* nom. obl. pl. masc. fem. *ches* 43,155 : *ches dames bien lenroijerunt,* ebenso 50,149; 7,39, 9,168, 52,101, 62,79, 70,159; fem. obl. sg. *cheste, chest,* letzteres namentlich bei folgendem vocalischen Anlaut, *so* 6,6, 8,81, 34,43, 38,34 etc.

Relativpronomen.

masc. fem. n. sg. pl. *qui, ki,* obl. sg. pl. *que,* nach der Präposition *de* : *qui* 15,84, ebenso für den dat. sg. : 43,77.

Bestimmter Artikel.

masc. n. sg. *li;* obl. *le;* n. pl. *li;* obl. *les.* fem. nom., obl. sg. *la, le;* obl. pl. *les;* genitiv sg. masc. *del, du,* fem. *de la, de l',* pl. *des;* dat. sg. masc. *al, au,* fem. *a la, a l',* pl. *as.*

Verbum.

In der Verbalflexion bietet unser Text wenig Abwechselung, da mit Ausnahme von einigen kurzen Reden die Darstellung ruhig erzählend verläuft. Aus den Reimen und dem Innern entnehmen wir folgendes:

1. **Infinitive** auf *-ir* aus *-ēre* s. *ir.*

2. **Praesens** ind. 1. sg. ohne *-e* : *-amo* = *-amum* : *aim* 62,209; *-ino* = *-inem* : *defin* 70,278, = *-inum* : *adevin* 52,48; *-idero* = *-ēre* : *desir* 70,56; dagegen bereits mit *-e* : *-esto* = *-estam* : *amoneste* 64,33; *-oro* = *-ora demeure* 62,264; ohne *-s* : *-ideo* = *-igium* : *voi* 24,1, 37,26, 58,145; *-apio* = *-ē* : *soi* 58,130. Ausser diesen beweisenden Fällen im Reime ist auch im Innern fast noch nirgends ein *-e*, bezw *-s* angetreten; es mögen noch einige beweisende Fälle ohne *e* erwähnt werden: *aim* 26,24,

oubli 45,1, *apel* 29,50, *esmerveil* 46,155, *conjur* 48,29, 65,68; dagegen *e* nur einmal und nach *r*: *conjure* 64,34. Nur in einem Reimfalle zeigt sich angetretenes *s* : *légio-s* = *-ectus* 37,27. — Ausserdem sind bemerkenswert die Formen: *tieng* 39,58, *apreng* 62,162, *renc* 64,31.

2. sg. hat regelrecht *-s*: *-ēdis* = *-ides (fois)*: *crois* 20,54 etc.

3. sg. hat kein *-t* nach *e* : *-ēcat*, *-tcat* = *itam*, s. *ie* etc. aber: *fait*, *plaist*, *doit*. Das hiattilgende *t* ist noch nicht einschoben: *porra-on* 5,103; *a-il* 9,160; *profetisa-il* 61,45, *nota-on* 67,49.

1. pl. gewöhlich: *-ons* s. *-ons*, daneben *-ommes*, *-omes*, *-onmes*, *-oumes* s. *-ommes*, *-iens* : *eussiens* 28,69 s. Auc. et Nic. p. 65,66.

2. pl. *-és*. Ausnahme: *dites*.

3. pl. *-nt*.

3. Der Conjunctiv prs. der 1. lat. Conjugation hat einigemale *-e* : *truise(?)* 62,236, *prolonges* 63,41, sonst gewöhnlich ohne *-e* : *-evel* = *-edit* : *griet* 20,68; *-ardet* = *-artem* : *gart* 54,206; *-odiet* = *-abat*. *anoit* 56,36; im Innern *gart* 62,210,255, 64,32; die übrigen Conjunctive haben regelmässig ihr *-e* s. im Reim *-ache*, *-ie*, *-iegne*, *-oie*, *-uire*. Anomaler Conjunct.: *doinst* 20,60, 52,36,99, 70,58.

4. Das Imperfectum *ind.* bietet nichts Auffälliges.

5. Imperativ. 2. sg. geht bei der *a* conjugation regelrecht auf *-e* aus, so im Reim *usa* -*onsa*: *use* 62,108; im Innern : *lieve* 20,96, 24,48; *verse* 22,48; *donne* 26,24, *desloie* 49,61 etc., bei den übrigen Conjugationen fehlt *-e*, bezw. *-s* : *-ade* = *-avit(ra)* etc.; 24,48; *audi* = *-ēde* : *oi* 27,29, *croi*, einmal *oie* s. 65,34; *voi* 10,18: *pren* 49,61, *ren* 49,64, *remain* 52,64, *trai* 67,18; *tien* 56,40, *fai* 26,23 etc.

6. Im Futurum und Conditional ist nur die Umstellung von *-re* in *-er* zu erwähnen: *duerra* 7,101, *celeberrommes* 54,109. Verba der *a* conjugation regelrecht mit *-e*: *trouveroient* 43,136, *sejourneront* 11,201 etc., *e* gefallen in *donra* 70,177. Bei den Verbis der *i* conjugation ist *i* erhalten: *guerpirai* 43,101, *mentirai* 42,149, *nourrira* 63,9, *garandira*, *mainburnira* 63,3,4; *soufiroie* 11,90; dagegen gefallen in *kerroit* 6,38, *venra* 63,16, *nourrai* 43,104, *revenront* 54,112, *retenront* 54,111, *avenront* (Coll.) 56,138; Wider die Regel ist *e* erhalten in *acrroistera* 63,29, *meterai* 50,70, *descenderont* 7,99, also bei dental + *r*.

1. pl. s. prs. 1. pl.

An dialectischen Eigenheiten unseres Textes sind demnach hervorzuheben :

I. Positive Merkmale.

a) 1. $\bar{e}^e$, $\Upsilon = \bar{o}$ u. u + gutt., $\bar{o}^e$ und au^e + attr. j.

2. -*ellos*, -*illos* = $a + l$, $a + lj : aus$ 2, -*iaus*.

3. -*iles, -*älis* = $\bar{o}^e$ s. -*eus* 1, *iex* (Schreibung -*ius* für *iex* (= *ieus*) liegt, ausser *chius* s. S. 60, nicht vor).

4. Die 2. pl. des ind. prs. der 3 ersten lat. Conjg., des imprt. und fut. lauten auf -*es*, nie auf -*ois*.

5. Die 3. sg. imprf. ind. aller Conjg. lautet auf -*oit*; für die 3. pl. liegt kein Gegenfall vor.

6. e_n und a_n reimen meist nicht, ausgenommen nur *tempus* = *grandis*, *dolans* = *joians*, *dolunt* = *plourant*, *offrande* = *demande*. (Ueber Schreibungen s. lat. a = franz. e_n, lat. e = franz. a_n, e_n, lat. i = franz. a_n).

7. Inf. auf -*ēre* = -*ire* (*veïr*, *puïr*).

8. -*ieus* gab -*ius* s. *ius* 2, unter -*is* findet sich kein Gegenfall.

9. *sive*, fem. des pron. poss. = *aive*, *plentive* s. -*ive*.

10. *fōcum* = *fuit* s. u; vergl. dagegen *locus* = *antiquos* s. *ius* 1 und die indifferente Bindung *liu*, *giu*.

11. *vīam* = **glutam : voie* s. *oe*, *aioire* ? = -*encore*.

12. Die Monophthongisirung des *ai* zu *è* lässt sich nicht nachweisen (s. Auc. u. Nic. S. 60). Bindungen von *ai* und *è* liegen nicht vor.

13. -*j-ata*, -*j-atam* = -*iam* ein Beweis, dass -*iée* zu -*ie* contrahirt ist.

14. *paucum* = *deum : peu*, daneben freilich = -*etum : poi* und in analoger Weise im Innern *peu* 20,98. 22,22; *poi* 10,79. 11,54,128. 15,13. 21,5. 22,29. 25,30. 70,111.

b) 15. $d + s$, $t + s$ wurde s, $st + s$ ebenso. s. S. 58, cf. auch *chis*; z im Auslaut kommt überhaupt nicht vor.

16. 'c^e:-*icem*, -*ōcem*, -*ñcem* wurde s, s. -*ois*.

17. *ll* fiel vor s in *nullus* s. -*us* 2, sonst vocalisirt s. -*aus* 1, 2. Ueber den Ausfall des *l* im Innern vergl. S. 53.

18. Ausstossen des r in der Consonantengruppe -*str*- im prt. 3. pl. in -*isent* 1 ein Gegenfall liegt nicht vor.

19. *r* eingeschoben in -**isti, -istes* s. *·iste, -istres*; im Innern: *tristreche* 62,103.

b eingeschoben in -*ameram, -emoro, -ummum* s. S. 48; (Unterlassen des Einschubs im Innern s. S. 48, dagegen immer in: *samble*); Einschub des *d* zw. *n -r* meist unterlassen s. S. 44, nur einmal *enmindrer* (Coll.) 39,28; Einschub des *p* zw. *m-n* im Innern s. S. 48; Ausfall des *p* in *pueles* gewöhnlich, daneben *pueples* 68,32, *pueplee* 14,3; des *b* in *oscure* 7,86; 43,200, *oscurtes* 50,139, dagegen *obscure* 23,99; *obscurs* 13,29).

c) 20. -*amus* = -*omines* s. -*ommes*.

21. *t* erhalten in: -*ebuit* = -*ibutum* s. -*ut* 2; -*acuit* = -**ovutum* etc. s. -*ut* 1, vergl. aber -*u* 2.

II. Schreibarten, welche die Reime nicht sicher stellen (cf. n° 3, 6, 10, 14, 17, 19).

a) 22. *ai* für *a* : *fai-je* = -*aticum* s. S. 32; -*aissent* neben -*assent* s. S. 32; vor *nj* s. -*aigne, aines* 1.

23. *e* und *i* vor mehrf. Consonanz zu -*ie* s. -*ier* 2, -*ers* 2, -*erre, -eres, -estre*.

24. *ierent* imprf. 3. pl. neben *erent* s. S. 34.

25. *boine* neben *bonne, boune* s. -*onne*.

26. *ot, eut* = -*ábuit, -ácuit, -ótuit* nebeneinander, ebenso *orent* und *eurent* = -*ábuerunt, -ácuerunt, -*apuerent* s. *urent* 1.

b) 27. '*c*', '*t* u. '*c* + *e*', *i*', '*t* u. °*c* + *e*', *i*' zu *c, ch, ss, s* s. -*ache, -eche, -aches* 1, -*enche, -ise* 1, -*ises* 1, 2, '*dic*' = '*ssj*' (*j* = *i*) zu *ch* s. -*aches* 2.

28. Doppelconsonanz für einfache s. -*irent, -ire* 2, -*enne, -ienne, -ile, -ise, -ises*.

29. Moull. *l* durch einfaches ausgedrückt s. -*ale*; im Innern: *falir* 5,41; *esmerveloient* 24,69.

c) 30. -*iemes* 1 silbig, imprf. c. 1 pl.; im Innern im fut.: *vorriemes* 62,83, 2 silbig, im Innern -*iens* 1 silbig in *eussiens* 28,69.

31. Die endungsbetonte Form : *peuissent* = *fuissent* s. -*uissent*.

III. Schreibarten der vortonigen Silben und sonstige Merkmale.

a) 32. *ôl* = *au* in *vaut* (= *vóluit*) stets so; *vaut* (Coll.) für *vot* 20,22; und in unbet. Silbe: *vausist*, daneben *vosist* 30,40, *vorroit* 5,42.

•

33. *a* für *au* in *us* dat. pl. des Art.; *es* für *eus* in *tes* (= *talis*) s. S. 59.

34. Die Schreibungen *-il*, *-ll* für *lj* in: *conseil* 9,65. 20,70. 58,52 etc.; *verseilloit* 11,166; *conseilla* 8,59. 32,69. *esmerveilla* 8,60; *apareillier* 13,15. 26,5. 58,112; — *versillier* 58,111,207; *soumilloit* 58,209. *mervillies* 57,12.

35. *ti* in *ti-ónem* 1) = *ti*:*devotion* 18,7. 19,16; *delation* 18,8; 2) = *c*:*delacion* 14,27; *conversacion* 17,7; *devocion* 13,75; *edidificacion* 13,76; *entencion* 15,31. 39,21; *aflicion* 19,41; *aministracion* 62,11. 3) = *s*:*petision* 14,28; *porsions* 19,37.

b) 36. Deutsches *w* ist wiedergegeben durch *w*, *g* s. S. 49.

37. *c* vor lat. *a*, *au* = franz. *a*, *e*, *ie*, *o* zu *ch*: *char* 7,61; *chartre* 7,86. 14,100; *chartres* 11,178; *couchast* 21,23; *voucha* 19,87; *cha* 43,40. 46,13; *pourchachier* 54,55; *chaiens* 10,179. — *cheoir* 14,44; *cheval* 25,10; *chemises* 11,23; *pechies* 7,13; *chieres* 11,18; *meschief* 27,17; *rechief* 11,144; *cerchier* 43,35. — *chose* 9,183. 49,61; *choses* 58,135. zu *c, k*: *cangier* 7,7; *canjoit* 10,78. 32,64; *canjast* 39,103. *cangie* 11,49; *racat* 49,60; *racater* 13,72; *racatoit* 9,129. *caitis* 9,129; *cai* 27,12; *cambre* 9,207; *cartre* 14,71,76. 34,17,19. *caitif* 52,95,127. *cargies* 58,233; *castiaus* 28,30. 34,7. 37,39. 46,47; *capitre* 33,1; *carite* 50,18. 52,56; *caude* 56,1; *capitres* 41,26; *caretele* 23,34. — *cose* 40,87. 58,31. *coses* 13,72. 52,101,103; *ocoison* 18,95 immer so. — *popelikan*, *gallikan* 32,101,102; *ketis* 9,85,114; *ketivaille* 9,152; *karetele* 23,12. *meskeanche* 69,27; *krist* 62,46; *ken*, *mesken* 70,193,194; *rekief* 27,1; *cerkies* 23,2. *eveskie* 51,4. 55,3.

ç vor lat. *ae*, *e*, *i* zu *ch*: *chiel* 10,172; — *chelee* 14,71; *douchement* 8,25. 10,155; — *chel*, *chist*, *ches*; *pucheles* 9,98; *merchia* 8,64; *chites* 16,4; *chisterne* 20,8. *conchile* 32,42; *rachine* 43,219; *chaus* 8,65; *chainture* 9,121; *ochesist* 14,52; *rechevroit* 18,14; *rechoivre* 21,16; — *rechute* 8,30.

zu *c, k*: *cel* 5,97,105 etc.; *ceus* 9,92; *ces* 10,1. *cerkies* 23,2. *concile* 31,2; *cites* 32.24. 37,24. 38,32. 43,5. 46,47; *cerchier* 43,35; *douçrement* 46,10. — *autentikes* (Coll) 5,120; *eskiver* 19,139.

Sonstige Wechsel von *c* und *ch* in: *chascun* 10,35; *cascun* 10,145. 13,22. 18,29. 21,11,47 etc.

38. Schwanken zwischen *g* und *j*, 1) mit *j*:*menjoit* 10,119; *menjoient* 40,38; *menja* 19,76; *canjast* 39,103, *herberja* 65,68; *jeunoit* 10,60; *junoit* 10,76; *sourjoient* 40,37; *venjanche* 58,98; *desjeunast* 10,67; *desjeunoit* 18,29; *serjans* 9,213. 10,144. 49,30; *serjent* 49,52. 59,129. 62,129. — 2) mit *g*: *merci* '0.77. 19,74;

mengier 10,81.98,121,126,129,136. 19,71 etc.; *giu* 27,36; *gis* 20,56; *getee* 23,28; *giste* 70,105; *gisoit* 19,131; *gisoient* 19,126; *mengie* 19,97; *geuner* 39,31; *geune* 19,9,70,258,266,267.

39. *g* im Auslaut zu *c*: *sanc* 26,39. 40,101. 43,220; *lonc* 37,24. 41,35. 42,1.

40. *k*, *c* statt *qu*: *ki* 9,79,135; *k'il* 9,28; *k'u* 9,167. 13,84. *k'iert* 9,84; *preske* 30,82; — *dusc'a* 5,2,3. 9,88,97. 10,180; *c'aidier* 9,145; *c'on* 11,35. *c'a* 13,43.

41. *qu* statt *c*: *quidoit* 22,33; *quidast* 22,65; *outrequidanche* 30,36; *quidies* 52,73; *quidai* 55,60; *catholique* 30,89. 32,18; *apostolique* 32,17. *catholiquès* 31,76; *autentiques* 31,75.

42. Zuweilen Ausfall des *r* in: *herbeguge* 12,61. 14,6; *herbegages* 15,1. 19,26.

43. *nj* ausgedrückt durch *gn* s. -*aigne*, -*oigne*; und *ngn*: *resongnoit* 7,89; *menchoingns* (Coll.) für *menchoinge* 14,39; *confruingnoit* 60,32; *maintiengnes* 62,73.

44. *s* vor folg. *m*, *n* meistens noch geschrieben: *blasma* 54,81; *blasme* 54,43; *blasmes* 58,23; *ausmosnes* 12,21. 46,73; *ausmosne* 22,9.

45. Intervoc. *s* in den Perfectformen erhalten; nur einmal *feist* 5,51.

46. Doppelconsonanz für einfache *s*. -*irent*, -*ire* 2, -*enne*, -*ienne*, -*ile*.

47. Umstellung von -*re* in -*er* in 3 Fällen: *kerroit* 6,38; *duerra* 7,101; *cceleberommes* 54,109; während Umstellung von *er* in *re*, s. Auc. u. Nic. S. 62, nicht vorkommt.

48. 1. sg. prs.: *tieng* 39,58; *apreng* 62,162; *renc* 64,31.

49. *men*, *ten*, *sen* neben *mon*, *ton*, *son*, *vo* für *vostre*, *te*, *se* neben *ta*, *sa*; *mi*, *ti*, *si* im nom. pl. s. S. 60. über *sive* pron. poss. f. s. n° 9.

50. *jou* neben *je* s. S. 59.

51. *le* neben *la* beim Art.

52. Aus der Silbenzählung ergibt sich, dass vortoniges *e* vor Vocal seinen syllabischen Wert erhalten hat in: *eage*, *vesteure*, *beneois*, *seur*, hingegen Schwanken in der Partip. vergl. *u* 2 und *ut* 1, 2.

53. Im Futur unorganisches *e* zwisches Verschlusslaut und - bei den Verben der 3. Conjg. s. S. 62.

(Es fehlen unserem Texte unter anderen folgende sonst beobbele Merkmale: lat bet. *ŏ* gab stets *ue*, *eu*, blieb nie erhalten,

s. Auc. u. Nic. S. 59, -*ia* für *iau* s. a. a. O. S. 63, *e* statt des üblichen *ie* s. a. a. O. S. 59, *i* für *ie* s. a. a. O. S. 65 und Chev. as d. esp. p. XXXVII, *i* für unbetontes *oi* vor *ss* s. a. a. O. S. 65, endlich *ei* für *é* aus lat. *a* s. a. a. O. S. 68 und Neumann: z. altfr. Laut- und Flexionslehre S. 15,16.)

Aus obigen Fällen heben sich als Kriterien für den pic. Ursprung unseres Textes n°: 2, 8, 9, 10, 15, 16, 18 und 20 heraus. Der Copist ist ebenfalls ein Picarde. Die Heimat des Dichters lässt sich leider nicht genau bestimmen: einige Erscheinungen, wie 13,18 weisen auf den Osten des pic. Gebietes hin, andere, wie 6 und das nicht Vorkommen des *ei* für *é* aus lat. *a* nach dem Westen. — Der Name des Dichters ist uns zwar verloren gegangen (s. Jahrb. X 244), doch lernen wir wenigstens aus der Notiz am Ende des Textes die Zeit der Umschreibung seitens des Copisten, sowie den Namen des letzteren kennen. Derselbe heisst G e r a r s d e M o n s t e r u e l (vielleicht darf man bei diesem Namen an Montreuil an der Canche, Westpicardie, denken) und vollendete seine Abschrift am 9. December 1294.

Index der Reimwörter.

Derselbe soll nur zur schnellen Orientirung über die vorkommenden Reimwörter dienen, weshalb dieselben auch nur einfach alphabetisch ohne Rücksicht auf ihre nähere lexicographische Zusammengehörigkeit angeführt sind. Diejenigen, bei welchen jede nähere Bestimmung fehlt, sind im Rimarium bereits angeführt und können dort unter dem betreffenden Reime leicht gefunden werden. — Die in den Glossures lexicographiques Jahrb. X, XI, XII besprochenen interessanten Worte (diejenigen, welche keine Reimworte sind, sind durch einen * kenntlich) finden sich eingeordnet.

39,28,55,102. 40,60. 43,
53. 45,17. 46,136. 47,9.
afaires 11,179. 61,42.
afermee 11,248.
affaitement 46,52.
affliction 39,39.
aflicion 19,41.
aflirent 31,52.
affublement 43,145.
afl.
aflicion *s.* affliction
afole.
afuiront 50,297.
agenoulla 31,15.
agiete.
agree.
aguillounoit 53,32.
ahaniers 56,25,50.
aidast 59,109.
aiderai 64,26.
aideroit 43,69. 58,250.
aidie 65,37.
aidier 70,52.
aidies 50,115.
ales, alue *s.* alve *prs.* 3.*sg.*
aies.
aim.
ains.
aioire *s.* -ore.
niommes 70,95.
aioumes.
ajourna 27,44.
ajournee 27,8.
uir, aire (= aerem).
aire (= aream).
aisie *part. prt.* 10,116.
uisil.
aissele.
aiue, aive *s.* aio.
ajutoires *s.* adjutoires.

ala 11,211. 14,41. 24,7.
43,39. 44,9. 52,27,93.
54,11. 60,3. 70,258.
alasmie 70,250.
alast 56,177.
*ale *s.* 10,24 *s. Jahrb.* 10,
245.
aleganche 20,32.
alegement 11,128.
alegie 69,60.
alegiet 15,88.
aleine, *coll.* alaine56,142.
Alemaigne.
aler 26,3. 50,31.
alerent 15,82. 28,45. 45,5.
50,189.
ales *part. prt.* 30,107.
aleure 52,24.
aleus 53,52.
alianche 9,56.
aloient 49,24.
aloit 10,23. 15,39. 17,9.
19,31.
alumes *part. prt.* 58,213.
amaisnie 22,5. 52,40. 54,
47. 62,128. 63,6.
amaissent 62,139.
amiasses *part. prt.* 21,6.
54,160. 70,36.
ame *s.*
amee 23,27.
amenaisent 19,28.
amenast 46,30.
amendassent 50,310.
amendement 54,183.
amendise 55,87. 58,51.
amene 54,242.
amencrent 69,12.
amenge *prs. ind.* 1. *sg.*
amenoient 9,99. 69,12.

amenuisement 5,55. 39,
118.
amenuises.
amenoit 9,99,174. 50,38.
amer *inf.* 46,76.
amere.
ameroit 6,37. 14,50.
ames *s.*
ames *part. prt.* 62,207.
ami.
amiable.
amiablement 50,219.
amie.
aministracion 62,11.
aministree 50,182.
amis.
amit *s.* 34,5. 43,231.
amoit 6,14,22. 8,68,107.
52,8. 54,51.
amortes 53,118 *s. Jahrb.*
10,246.
amouneste *prs. ind.* 1. *sg.*
amouneste *part.prt.* 62,
257.
amounestoit 43,152. 51,8.
65,46.
amour 11,85.
amuse 54,40.
anchien.
anchienne.
anchissour 56,87. an-
cisseur.
anchois.
Andowerpien.
anemi.
anemis.
angles 7,62.
aniaus.
anieuse 29,4. 43,99. 62,
111.

anieusement 13,32.
anoiant 54,100.
anoit.
anonchoit 59,55.
ans.
antiquite 20,16. 28,38.
41,54. 46,16.
antiquites.
antius.
Antwerpiens.
anuelment 20,20. 56,96.
anuieroit 61,25.
anuioit.
anuit.
anuitement 19,118.
aoines *s. Jahrb.* 10,246.
aoura 24,85.
aourassent 44,25.
aoure 70,255.
aouroient 46,168.
aournee 27,7.
apaiomines 70,96.
apaisier 11,237. 70,50.
apaisies 30,14.
aparanche 22,55.
apareillerent *coll.* apa-
reillierent 37,36.
apareillier 26,5. 58,112.
aparellier 69,32.
apareillies 68,25.
apareilloit 11,61. apa-
relloit 56,144.
aparel.
aparellie 13,23. 40,71.
67,39.
aparellier *s.* apareillier
aparelloit *s.* apareilloit.
apartenoient 32,47.
apasteler 9,11.
apela 8,69. 60,11.

apeler 62,145,189. 65,56.
apentichel.
apercheu 60,25.
aperent 41,18.
apertement 32,87. 39,37.
40,40. 46,170. 50,167.
51,39. 52,69. 59,35.
61,30. 67,54. 69,73.
apesee *s. Jahrb.* 10,246.
apetite 21,40.
aplainia 58,80.
aplanie 57,22.
aplouvoient 10,9. 17,2.
25,3.
apluevement 70,156.
aportoient 10,184.
apostasie 33,5.
apostolique.
aprendent 54,195.
aprendoit 19,13.
aprendre 58,40.
apres 10,181. 17.33.
apresses 15,57.
apreste 62,258.
aprestee 24,51.
aprestoit 9,199.
apris.
aprise.
aprocha 27,54. 50,148.
58,113.
aprochast 23,19. 58,85.
aprochier 62,184.
aprochoit 19,47,113.
apuient.
apuioit 33,8.
aquellent.
aquelles.
aqueroit 12,18.
aquise.
arain.

araisonna *coll.* araisouns
8,25.
arraisonna 50,244.
archangles 7,61.
archisteres *s. Jahrb.* 10,
246.
ardoit 16,7.
ardure 47,30.
arengie 26,9.
arestoit 48,47.
arestison 11,159. 27,19.
argent 10,39,139. 50,303.
70,184.
arguerent 43,48.
arommes 63,53.
arons 70,92.
arousee 64,6. arrousee
69,71.
arousoient 11,147.
arraisonna *s.* araisonna.
arramis 50,216.
arrestement 23,44.
arresturent 15,54.
arrieraine *s. Jahrb.* 10,
246.
arriere.
arrivent.
arroganche 42,14.
arrousee *s.* arousee.
art 31,9. 62,44.
artillans 60,68.
asambloit 43,248.
asegnouri 45,30.
asena *s.* assena.
asenast 10,15.
asonime.
asouvissent 70,233.
asprement 47,40.
aspretes 66,18.
asaus.

ussena 43,123. 44,14.
48,2. achena 43,124.
asena 50,111.
assenoit 10,110.
assens 30,86.
assentir 70,23.
asseoit 19,65.
assertions 32,11.
asses 30,45. 54,159. 55,
147.59,69.61,43.70,35.
assidnelment 9,220. 54,8.
assiduens 40,106.
assise.
assist 20,9 *für assit*, 37,15.
assouagie 69,59.
assoumee 5,69.
assouvie 62,58.
assouvissent 70,233.
astinenches.abstinenche.
atachie 43,112. attachie
15,60.
atendent 54,196.
atendi 23,61. 50,281. 53,
89. 69,20.
atendoient 15,68.
atendre 14,40. 20,66. 43,
110. 56,10. 58,39. 62,
109.
atendue 62,109.
atestes 59,21.
atestoit 58,26.
atiree 10,66. 13,68.
atireement 39,83.
atoucha 19,88.
atouchast 23,20. 58,86.
atouchoit 19,48.
atour 10,172. 56,186.
67,80 *s. Jahrb.* 10,172.
atraire 13,77. 34.10. 54,
15. 58,15.

atrape 8,93. 46,144.
atraper 34,11.
atre *s.*
atropeler 62,190.
atropelerent 50,190.
attachie *s.* atachie.
attente 9,125. 70,78.
atento *coll.* 69,24.
audienche 43,18. 62,134.
66,28.
audiense 53,94.
aumaire.
aumaires 70,181.
aumosne.
aunmosne.
aumosniere 10,37. 21,8.
24,81. 25,17.
aumosnieres.
aunast 10,68. 70,131.
aus.
austere 17,32.
autentiques.
autorisa 5,100.
autorisast 31,33.
autorisie 36,27.
autorisies 5,111. 42,9.
autorite 33,15. 34,27.
39,3. 46,15. 50,28. 58,
163. auctorite 28,18.
autorites 54,108.
autrement 10,36. 70,60.
avalee 48,62.
avalerent 28,46. 45,6.
avancha 14,86.
avanchies 54,64.
avanchoit 16,19.
avant 25,33. 27,39. 28,2.

avenement 52,85,75,95.
64,35.
avenir 10,145. 39,95.
58,191.
avenist 10,13. 54,177.
avenoit 9,93. 10,59,138.
11,59,149. 12,8.
avenroient *coll. für* ave-
roient 58,138.
*aventrer 61,35 *s. Jahrb.*
10,247. 11,148.
aventure 8,71. 9,110.
11,151. 14,53. 15,69.
16,1. 22,53. 25,31. 28,
47. 39,107. 43,41,193.
52,23,79,87. 53,49,129.
54,179. 62,39. 63,18.
67,9. 70,106.
aventurer 70,57 *s. Jahrb.*
10,247.
avenu 23,53. 55,55.
avera 61,40.
averec 56,77.
averes 62,178.
averoit 54,97.
averroient *s.* avenroient.
aversaire 53,88. 54,148
58,72.
avernite 46,69. 62,6.
avertist 50,123.
aves 50,301. 58,185.
aveuc.
aviegne 62,67.
avint 9,87. 22,1. 25,9.
47,11. 50,191. 54,1.
58,195,222. 59,9.
avironnes 62,119.
avir...ient 10,96. coll.

avoia 14,85.
avoie.
avoient 8,115,121. 9,62.
10,150. 13,85. 19,76,97.
24,90. 40,25. 43,19.
46,50.
avoierent 43,156.
avoir *s.* 9,76,91. 10,45
11,186. 36,5. 51,37.
63,26.
avoir *inf.* 9,75,92,118.
10,46. 36,6. 39,57 *für*
avoit, 53,23,44. 54,169.
55,33. 59,91. 63,25.
avoit 5,68. 8,67. 9,47,171.
10,3,21,125,137 192.13,
6,84. 15,40. 17,6. 19,
100. 20,44. 21,13. 22,
17,63. 23,1,8,21. 39,82.
41,37. 43,70. 52,5,17.
58,133,240. 60,58. 61,
21. 62,31.
avommes 50,270. 61,1.
63,20.
avonmes.
avons 5,17.
avoue *s.* 70,17.

B.
bacheler.
baerent 54,54.
bagoit 69,73.
bailes.
baisier 11,238.
balanche 29,39. 40,70.
balant 15,48.
baleries 54,19.
ballie 8,9. 13,36. 30,26.
35,11. 62,71. 70,28.
baniere 8.96. 31,24.
baoit 53,6.

baptisie 46,153. batisie
40,42. batisies 51,24.
Baptiste.
barbarine 40,21. 46,31.
barisiaus.
baronnie 12,10.
barons 70,91.
bas.
baston 7,28.
batirent 31,51. 56,21.
batisie, batisies *s.* bap-
tisie.
batre 56,16.
baude 70,164.
Bauderes.
baudoire 7,107.
baut 59,13.
beanche 69,28.
bel.
bele 5,84. 43,244. 54,66.
belement 50,34.
beles 15,4. 32,45. 43,254.
44,41. 58,131.
belloi 34,15. 50,214,264.
53,115.
benbanche 42,21.
benefisse.
benefisses.
benei 8,64. 22,46. 26,37.
beneichons 18,15.
beneois.
benevolense 24,23.
benignement 70,178.
benignite 43,68.
bergerie 46,138, 63,13.
besans 70,112.
besoigne.
besoigneus 10,47. 25,2.
39,25. 70,174.
besoigneuses 11,48.

besoing 10,169. 52,82.
55,10. 56,82,169. 58,
151,253. 65,10.
beste.
bestial 46,23.
beu 52,84.
beust 19,7,83. 52,56,122.
Biaucaire.
biaus.
bien.
biens 13,65.
bienvegna 52,25.
biere 69,43. 70,87,107,
140,202,229.
bifaire 7,91 *s. Jahrb.*
10,247.
bise.
blastemoit 30,68; *coll.*
blastenioit 46,31.
blasterge.
blastenges 53,84.
bleche.
boe 57,13.
boine *s.* bonne.
boinement 6,15. 20,79.
24,83.
boire.
bon 5,9.
bonno 8,102. 10,86. 42,44.
bone 7,93. 24,6. boine
5,31.
bons 7,82.
bonte 54,129. 56,151.
boscage 53,8.
Bourgoigne.
bours *s.*
bours *adj.*
*boutes. (en coroie) 32,66
s. Jahrb.* 10,247. 11,
144,148.

boutes *part. prt.* 48,10.
boutie 54,132 *s Jahrb.*
  10,218. 11,144.
bruuille *s. Jahrb.* 10,248.
Brnbenchien 40,20.
braehcus 9,147 *s. Jahrb.*
  10,248.
braire 55,38. 70,157,221
  s. Jahrb. 10,248.
braist 55,40.
brasse *part. prt.* 54,214.
Bretuigne.
Bretons 11,239.
briseroit 61,26.
brisoient 56,23.
Brisse.
broche.
buisine 51,28.
burent 52,59,140.
burnie 62,9.
burnir 13,42 *s. Jahrb.*
  10,248.
but.

C.

caboijes 24,68 *s. Jahrb.*
  10,248.
cachant.
cachie 23,26.
caohier 56,157.
cai 27,12.
caiere.
caignoient 10,25.
cainex.
caitivison 9,159.
caitivisons 9,103.
Calais 5,2.
caloir 62,169.
caloit 19,82. 50,242.
calour 65,53.

cambre.
camouries 15,77.
campions 31,64.
canchele.
canchier 56,146.
cangie 11,49.
canjoit 10,78.
canon 60,1.
canta 61,35.
cante.
cantiuus.
cantoit 70, 213.
capele 23,11.
capitres.
carbons 16,14.
Carcasonne 58,44.
carchies 56,12.
carchoit 10,88.
carite 10,43. 19,93. 39,74.
  50,18,104. 62,141.
carites 7,38.
carlit 59,76 *s. Jahrb.*
  10,249. 12,110.
carneus 7,44.
carogne.
carole.
carolent.
cartrieres 9,165.
cascun 21,11. 26,13.
cascune 5,48. 7,35. 21,47.
  68,8.
casse 59,47.
castiaus.
castioit 58,9.
castoies 54,236.
cathoire *s. Jahrb.* 10,249.
  11,149.
catholique.
catholiques, catholikes.
cauchemente 9,126.

cauchier 56,157.
cavestre.
caviaus.
celeberrommes 51,109.
celee 43,77. 69,38.
celeement 58,219.
ècles 58,132.
celles.
cellui *s.* chelui.
cerchier 43,35.
certaine 62,122.
certainement 5,98. 41,55.
certeßs 42,15.
chainture 11,66 *Coll. für*
  cheinture 9,121.
chaintures 9,14.
chaus, chiaus.
chelce 14,71.
cheler 49,71. 62,146.
cheles *part. prt.* 58,21.
cheles.
cheli 48,53.
chelles *s.*
chelier 52,43.
chelui 9,139. 20,36. 23,29.
  32,52. 34,1. 35,14. 53,
  123.58,38. 62,260. celui
  53,87.
chemina 48,1.
chemina *part. prt.* 50,81.
chengla 49,65.
cheoir 14,44.
chetive 48,27.
cheval 19,18. 69,16. 70,
  137.
chevalerie 11,71.
chevanchier 56,145.
chevauchoit 47,19. 50,
  119. 56,8.
chiaus *s.* chaus.

chief 11,143. 24,36. 28,90.
50,255, 52,113.
chier 56,102.
chiere.
chieres.
chieri 45,29.
chierir 29,19.
chierist 5,110.
chiers.
chiex.
chifln 53,81,82 *s. Jahrb.*
10,249. 11,149.
chimentiere.
chire.
chisterne.
chite 7,106. 28,17,37.
33,16.50,27.58,154,164.
cite 37,24. 44,33.50,17,
85,138.
chites 19,107. 30,54.
cites 37,39. 43,5. 49,6.
chose 49,61. cose 58,31.
choses 58,135.
chouque.
chrestienne *s.* crestienne.
cinquante.
cismatiques.
cista 31,25.
cite *s.* chite.
cites *s.* chites.
clamoit 8,108.
claudication 20,40.
clere 67,62.
clerement 68,21.
clergie 38,12.
cleus.
clines 65,2.
cloche.
clofichier 43,224.
clofichierent 44,21.

clooit 21,10.
closure 15,70. 61,34.
closures 15,43.
cofres, coffres.
coi, quoi.
coiement 19,129. 58,94.
cois *s.* 29,56. 70,93.
cois *adj.* 70,94.
coise.
coises.
coisier 26,28.
coisirent 28,41.
colnfisier 40,53 *s. Jahrb.*
10,249.
colioient 50,180.
Columbe.
combatoit 40,77.
combatre 7,29,30.
commanda 30,94.
commande *part. prt.*
11,213.
commandemens 46,105.
54,201. 62,203. 64,39.
commardement 8,4. 11,
209. 31,28. 36,20. 50,
122,183. 52,36. 54,184.
62,231. 65,14. 69,51,76.
commandoit 9,44. 20,81.
comman-je.
commans *prs.* l. *sg.*
commenchement 11,11.
17,35. 39,124.
comment 41,67. 70,228.
commendassion 67,45.
commenst 53,15.
communaument 65,61.
commune 68,7. 69,50.
communement 32,88.
39,84.
compagnie 12,9. 15,51.

28,36. 37,31. 43,100.
46,111. 49,10. 67,43.
69,10.
compagnies 38,28.
compaigne.
compaignie 39,69.
compains.
compassee 69,37.
compassion 6,28. 19,42.
40,110. 56,168.
compatiens 46,40.
compunctions 11,140. 40,
108.
conchile.
conclus 32,60.
concorde 46,63.
condition 20,2. 38,89.
confes 48,57.
confession 7,18. 58,53,77.
confessor.
conforta 50,101.
conforteroit 9,186.
confortoit 46,162.
confusion 30,50,80. 55,25.
70,204.
congregacion 59,4.
congregations 13,64.
conjoi 43,208.
conjointure 43,194 *s.*
Jahrb. 10,249.
conjurer 56,125.
conneatables.
connoissoient 24,70.
connurent.
conprovincial 38,31.
conquerre 11,78.
conquester 62,102.
conroi.
conscience 39,68. 43,17.
conscienche 7,4,20. 11,83.

46,67. 55,15,92. 56,
161. 62,221. consciense
19,52.
conseilla 8,60. 32,69.
59,82. consella 60,55.
conseillast 50,126.
conseillie 62,261. 67,40.
conseillier 39,32. 59,90.
consellier 69,31.
consella s. conseilla.
conselle 50,248.
conselles.
consellier s. conseillier.
consellierent 53,112. 58,
165.
consentables 49,46.
consentir 43,84. 70,24.
consentist 50,124.
Constantinoble.
consteies 62,246 s. Jahrb.
10,250. 11,149.
constengier 10,97.
contagion 36,31.
contaminoit 35,28.
contechoit 39,90 s. con-
techier Jahrb. 10,250.
11,149.
contenement 5,115. 58,3.
contenoit 53,12. 55,6.
69,54
conter 49,28. 52,101.
*contien 28,5 s. Jahrb.
10,250.
continenche 46,67.
continuens 40,105.
contrainte.
contraire 6,23. 7,92. 28,
96. 34,9. 43,54. 54,60.
62,92. 66,6.
contrait 20,25.

contraite 21,22.
contraiture 20,105.
contralieus 53,3.
contralieuses 32,58.
contrebat.
contrebatoit 40,78.
contredisent.
contredit 16,12. 46,100.
53,21. 56,127,128.
contree 9,4. 11,247. 40,48.
42,41. 43,197.
contrees 14,64. 32,8.
contrestoit 30,64.
contritions 40,107.
contruis.
contumache.
contumasse.
convenable.
convenanche 62,49. con-
venenche 11,215.
convenist 19,11. 50,109.
54,178. 56,150. 67,14.
convenoit 26,1. 29,58.
49,40.
conversacion 17,7.
conversations 50,23.
conversoient 17,24.
convertir 32,49.
conviegne 62,68.
convient 19,90.
convint 22,2. 47,12. 62,
182. 70,226.
convionnoient 43,27.
convoient 15,90.
convoierent.
convoioient 70,142.
convoioit 15,50.
convoitie 62,107.
convoitise 5,57. 53,10.
convoitise 51,36.

corage s. courage.
cordele 11,51.
coreument 7,79.
coroie.
corporelemen 62,191.
cors (= corpus).
cors (= cornos).
cosa 56,155.
cose s. chose.
cose prs. 3. sg.
costiere 43,161,171. 50,
186.
costieres.
cotele 11,52.
cotes.
couchast 19,123.
couche.
couchier 62,183.
coulons.
coupables.
couple.
courage 27,10. 40,40.
50,5,77. 58,59. 70,15.
corage 14,5.
courages 45,54,173.
courecha 63,67. 56,79.
courechie 58,132. cou-
rouchie 14,33.
courechier 6,30. cou-
rouchier 16,16.
courechies 27,28. 56,26.
courechoit 56,31.
couroit 8,85. 30,56. 37,9.
69,70.
courone, couronne.
courouchie s. courechie.
courouchier s. courechier.
courroient 54,61.
Courtrai.
coururent 50,210. 62,173.

desissca 46,155.
desist 8,76. 20,113. 50,
165. 51,51. 58,13.
desjeunast 10,67.
desjounoit 18,29.
deskevillie 50,157.
deskevilliet 15,79.
deslacha 21,31.
deslachie 70,84.
deslachoit 32,61.
desloial.
desloiaus.
desloiet 50,259.
*desmane part. prt. 49,35
  s. Jahrb. 10,251.
desmesure 42,5. 52,88.
desmesures part. prt.
  42,4. 49,50.
desnoees 50,258.
desnouillier 20,101 s.
  Jahrb. 10,251.
desnuoit 11,75.
desordenement 55,7.
  58,82.
despendist 9,150. 39,
  121.
despendoit 25,8.
despendre 11,123.
despisent.
despisoit 54,17.
despit 11,73. 46,121.
  54,29. 55,17. 58,107.
  62,171.
despite 43,105. 59,7,8.
desplaist 41,28.
desploia 29,54.
desploier, Coll. desploijer
  20,102.
despoise 65,70 s. Jahrb.
  10,251.

despoulloit 11,62. 56,28.
dosprises 62,25.
desprisoit 54,18.
desprisonnoit 9,78.
desprisouner 12,28. 50,
  289.
desprisounes 50,293.
desprouver 32,83.
desprouvoit 32,81.
desputison 32,75.
desputoient 32,74.
desrnees 54,190.
desrainable.
desree 44,20.
desroast 28,16.
dessaisi 70,25.
dessendi s. descendi.
desseree 50,188.
dcsset 19,145 s. dessavoir
  Jahrb. 10,252. 11,144.
destinee 24,52.
destroit.
destroitement 17,28.
destruire.
destrussion 63,44.
desieroullie 50,158.
desviersllist 15,80.
dete.
*detench a 56,59 s. Jahrb.
  10,252.
detenir 30,102.
detenoit 49,39.
determine 50,82.
detria 58,261.
detriunche 20,84.
detroies 57,11 s. Jahrb.
  10,252.
detruist.
deus.
deusse.

deust 7,7. 9,64. 10,129.
  26,7. 36,3. 50,129. 59,
  34,59. 60,5. 61,20,23.
  62,248. 65,49. 70,196.
deut.
devant 25,34. 28,2. 48,3.
  50,312. 59,99.
deveement 58,93.
devenissent 46,57.
devenoit 9,144. 39,60.
devia 42,16. 58,262. 65,8.
devie 67,33.
devient 63,41.
deviera 59,43.
devieroit 62,126.
devin adj. 52,139.
devina 62,166.
devine adj. 11,224.20,100.
  30,98. 37,58. 60,59.
devinrent 46,124.
devint 41,60. 42,11. 43,
  202. 56,5. 61,37.
devise s.
devise prs. 3. sg,
devisee 5,6.
deviser 50,131.
devisera 5,20.
deviserent 70,102.
devisoient 70,9.
devisoit 29,35.
devisommes 62,82.
devocion s. devotion.
devoient 10,136. 11,70.
  58,137.
devoit 21,4. 50,127. 52,18.
  55,30. 56,139. 58,156.
devommes.
devotement 8,3. 14,24.
  18,28. 24,84. 43,88 50,
  121.52,53.65,13.70,264.

euluminee 37,7. 40,47.
43,189.
enluminoit 43,196 *für*
culuminoient.
enmaine 67,31.
enmalast 56,178.
enmaler 26,4
enmaloient 49,23.
enmenerent 50,212.
enorta 50,202.
enortement11,225.35,36.
enorterent 35,40.
enpeechast 56,114.
enpeechie 58,64.
enploioit 12,32.
enquesist 20,114.
enquisent 59,31.
enquitume56,18 *s.Jahrb.*
10,255. 11,145.
enresdie 53,41.
enreski 46,90 *s. Jahrb.*
10,255.
enroijerent 43,155 *s.*
Jahrb. 10,255.
enroues 28,12.
ensamble.
ensaucha 14,87.
enseclerent 70,245.
ensegnemens 46,106.
ensegnie 9,212. 46,112.
ensegnier 70,272.
ensegnoit 46,143.
ensement 28,82.
enserre 41,58.
enserres 70,254.
ensevelir 15,11. 28,19.
ensevra 43,212.
ensi.
ensient 32,79. 50,284.
ensivioient 54,86.

enta 11,236.
entaisnie 54,232 *s. Jahrb.*
10,256.
entalente 40,62. 62,94.
entames 58,12.
entechie 14,80. 46,157.
entechies 7,14. 58,56.
entee 10,55.
entencion 7,17,60. 9,127.
15,31. 19,138. 30,79.
39,19.40,76. entention
8,125. 11,31.
entencions 32,12. en-
tentions 43,15.
entendement64,18.65,51.
entendi 50,282. 52,97.
55,93. 62,243.
entendirent 40,57.
entendoit 9,43,134.
entendre 11,124,166. 14,
39,78. 30,42. 58,65,160.
entendu 60,51.
enten-ge.
entente.
entention *s.* entencion.
untentions *s.* entencions.
ontentius 20,3.
enternascent 28,32.
enterer 58,268.
enterine 69,8.
enterre 41,57.
enterres *part.prt.*70,253.
entesec 70,68.
entestes 59,22 *s. Jahrb.*
10,256. 11,151.
entier.
entiere.
entieronent5,49.11,157.
13,39. 19,117. 20,80,
108. 39,38. 51,40.

entiers.
entoitie 62,108 *s.Jahrb.*
10,256.
entoitier 46,60 *s. Jahrb.*
10,256.
entour 8,52. 19,111. 43,
179.
entra 52,129.
entramis50,215 *s. Jahrb.*
10,256.
entredist 56,12,58.
entredit 55,31.
entree 50,181.
entremet 24,1.
entremetent 10,205. 54,
135,198.
entremetoit 10,96.
entremetre 38,4.
entremis 52,100.
entremisent.
entremist 5,28. 11,217.
29,47. 32,10. 44,30.
65,6,16.
entreprendre 42,46. 58,
159.
entrepresimes.
entrepresure 53,130.
entrepris 56,41.
entreprise.
entreprist 42,27. 65,59.
entresait 15,101. 43,61.
53,109.
entreval 15,13. 19,17.
31,1. 69,15.
entroduire 65,17.
entroduite 40,11.
entroisie 36,28.
entumules30,22 *s.Jahrb.*
10,257.
envaie 60,20.

envenimee 30,30.
cnvenimoit 33,3. 35,27.
envie 56,160.
envieus 60,64.
envie *impf.* 2. *sg.*
envoie *part. prt.* 13,24.
envoierent 31,56. 55,61.
envoioit 10,187,194. 59,
107.
cnwaimenter 64,3.
epars.
Erchenoaut.
erent, ierent.
ermie 46,86.
errant *s.* creant.
errement 54,188. 59,103.
ert.
esbahie 9,204.
esbahirent 15,92. 28,72.
54,174.
esbahis 43,119. 50,54.
esbleuis 43,187.
escachier 54,56.
escaffaut 8,12.
escane 34,22.
escape 8,91.
escaper 34,12.
escaperent 50,306.
escapoit 22,64.
escarne 7,63.
escarnissent 10,147.
escauchiroient 54,191 *s.*
Jahrb. 10,257. 11,151.
escauchiroit 53,38 *s.*
Jahrb. 10,257. 11,151.
escaufe.
escole.
escommenia 58,79.
escommenie 53,76.

escommeniement 53,92.
55,59,68. 58,106.
escommenierai 53,77.
escommen 56,46.
escopissoient 46,38.
escorcha 55,42.
escouperai 27,38.
escouta 43,57.
escoutant.
escouter 58,122.
escoutoient 24,56. 54,84.
escrierent 70,43,118.
escrire 39,93.
escris 30,37. 36,21. 70,
128,206.
escrisent.
escrite 10,49. 32,91.
escriture 6,72. 9,35,109.
11,1,137,152. 16,2. 19,
38. 28,48. 37,47. 42,6.
50,61. 51,47. 42,219,
225.
escritures 13,82.
escroele 19,44. 57,5.
escrois 15,73.
escrutee 25,35 *s. Jahrb.*
10,257.
escuide *s.* estuide.
escuieles 39,50.
esjoi 5,22. 59,18.
esjoirent 70,116.
eskiver 80,81. 58,172.
eskivoient 54,85. 70,147.
eskivoit 50,161.
eslais.
eslaissierent 28,88.
eslassier 46,104.
eslichon 9,182.
eslirent.

eslirre.
eslis.
eslisoit 11,98.
eslochie 30,57 *s. Jahrb.*
10,253.
esmaioit 9,169.
esmaris 70,12.
esmauvillie 62,262 *s.*
Jahrb. 10,257.
esmeraude 70,163.
esmerer 39,16.
esmerveilla 8,59. 59,98.
60,56; esmervella 59,
98. 60,56.
esmerveilloient 24,69.
esmerveilloit 55,49.
esmervellier 70,252.
esmervillisies, *Coll.* es-
mervillissies 46,148.
esmieroit 7,9 *s. Jahrb.*
10,257.
esmougonner 55,45 *s.*
Jahrb. 10,258. 12,111.
esmouvoir 11,185.
espaeles 58,22 *s. Jahrb.*
10,258.
espainte 50,152 *s. Jahrb.*
10,258. 11,145.
Espanegnies 23,13.
espaneis 28,68 *s. Jahrb.*
10,258.
espardoit 16,8.
espars.
espasse 14,17.
espee 44,19. 50,265.
esperanche 20,31. 43,113.
50,249.
espere *s.*
esperi 43,181.

F.

fable.
fables.
fache *s.*
fuche *conj. prs. 3. sg.*
faches.
fachies 64,20.
faconde.
faignoit 46,144.
fai-je.
faille.
failloit 10,99.
fainsist 21,45.
faintise.
faire 7,16. 8,19. 9,18,124,
215. 10,204. 13,13.
15,55,86. 21,17. 23,32.
24,78. 32,14. 34,47,52.
39,17,27,79,101. 40,95.
43,63,143. 46,73. 47,10.
52,78,136. 53,87. 54,16,
59,113. 55,37,78. 58,
71,168. 61,47. 62,91.
64,13. 66,5. 70,99,133,
199,222.
fais *s.*
fais *part. prt.*
faisoient 19,75. 70,211,
224.
faisoit 8,9,34. 10,1. 19,53,
101. 28,3. 39,92. 54,95.
69,74.
fait 14,61. 15,102. 43,62.
53,110. 56,38.
fali 27,58.
falourdie 30,3.
fame (= fama).
fame (= femina), femme.
fameleus 12,24.
familier.

familiers 8,111. 25,21.
fantasie 33,6.
fantasies 58,35.
fausete 20,93.
faussaire.
feaute 54,144.
fecimes *s.* fesimes.
tecistes *s.* fesistes.
feist *s.* fesist.
Felices.
fellions *s.* lions.
felon 59,5.
telons *adj.* 53,33.
felonnie 28,64. 31,38.
50,224.
femes *s.* femmes.
femme *s.* fame.
femmes, femes.
fendi 67,66.
*fendofle 49,60 *s. Jahrb.*
10,258. 12,112.
feneroit 62,34.
fenie 11,132. 67,44.
fenir 7,78.
fera 5,19. 20,77. 62,223.
ferai 27,37.
feri 43,182.
ferlin 59,114.
ferme.
fermement 43,82.
feroient 7,49. 14,8.
feroit *fut.* 55,51. 58,249.
feroit *impf.* (= fe-
r(i)ebat) 43,176.
ferrai (*von* ferire) 53,78.
ferrees 11,15.
fers.
fesimes, fecimes.
fesissent 54,171. 68,15.
fesist 6,12. 8,7. 9,49.

11,206. 14,51. 31,29.
47,5. 50,166. 51,52.
52,119. 53,126. 54,216.
58,241. 70,240. feist
5,52.
fesistes 50,66. fecistes.
fesque 56,9 *s. Jahrb.* 10,
259. 11,152.
feste.
festivites 54,107.
festoit 20,14. 38,20.
fi.
fiaissent 24,94.
fianche 5,44. 11,229.
fier.
fiere.
fierent 53,121.
fievreus 10,74.
figier 56,69.
figure 62,220.
fin 22,21. 31,72. 70,277.
fina 58,269. 61,7. 62,165.
fine 51,27.
finera 58,198. 59,44.
fines 62,167. 65,1.
finoit 40,24.
fioit 43,74.
firmament 11,142. 68,22.
fisent.
firrent.
fist 10,173. 14,46. 26,33.
27,31. 47,6. 50,79. 58,
242.
flagranche.
flair.
flater 70,8.
Flavades.
fleche *s.*
*fleches *adj.* 52,113 *s.*
Jahrb. 10,259.

glachier 56,158.
glachoit 32,62.
glachous 62,118.
glijer 11,146 *s.* glier
  Jahrb. 10,259. 12,111.
glioient 64,7.
glioit 11,112. 19,114.
glise *s.* eglise.
glises.
gloe *s.* Jahrb. 10,260.
gloste *s.* Jahrb. 10,260.
gloire 7,108. 19,140. 20,
  50. 24,97. 40,66. 50,154.
  62,208. 70,279.
glorefia 27,62. 52,144.
glorefier 54,152.
glorefierent 13,96.
glorefioit 18,19.
glorieus 70,122.
glorieus 14,57. 26,35.
  56,65.
goule.
goute.
*goutte 56,9 *s.* Jahrb.
  10,259.
gouvernerai 43,95.
gouvernerent 41,22.
grace *s.* grasse.
graerent 70,101.
granges.
grasse.
grasse, grace.
grasierent 15,95.
grasioit 19,70.
grater 13,71.
gregneur 11,190. gregnor
  62,235. gregnour 13,50.
greoit 62,63.
greve *part. prt.* 23,59.
grever 70,110.

grief.
gries.
griet.
grietes 7,73. 66,17.
grieve 60,35.
gris.
grises.
gros.
Guanelon.
guerpirai 43,101.
guerpirent 56,129.
guerpist 8,65.
guerre.
guerredon 13,12.
guerrioient 40,92.
guise.

H.

habitacion 48,37.
habitacle.
abit 34,6.
abita 40,8.
abite 43,106. 48,41.
habitoient 50,141.
habitoit 46,171.
habitomes.
habundanche 22,56.
  69,14.
haim.
haire.
haities 47,48.
haliegrement 23,55.
*hanel *s.* hener.
haoient 8,116. 13,86.
haoit 8,118. 53,5.
hardie 24,92.
hardiement 42,18.
harnoise *s.* Jahrb. 10,261.
hasta 28,53.
hasteement 28,56.

hastivement 54,221. 55,
  67. 70,59.
hauchoit 50,120.
haussage 53,7.
haut 8,11.
hautement 15,51. 55,60.
hechierent 62,175.
hener 42,30 *cf.* *hanel,
  *henel 42,28,30 *s.*Jahrb.
  10,261.
herbegage 13,61. 14,6.
herbegages 15,1. 19,26.
herbergerie 52,67. 63,14.
herberja 67,68.
heretique 30,90.
herichoit 56,32 *s.* Jahrb.
  10,261.
berle *part. prt.* 40,21 *s.*
  Jahrb. 11,156,157.
Herlekin 60,48 *s.*Jahrb.
  11,156,157.
hideuse.
hiresie 30,60,104. 35,25;
  iresie 32,6.
hoe 43,132.
hora.
home, homme.
honners *coll.* houners
  11,204.
honnerable, houserable.
honnerer 23,9. hounerer
  54,137. ounerer 54,134.
  67,41.
honneroits,86. houneroit
hoaniement 39,97.
honour 11,86. bonnour
  14,89. 15,24 *Coll.* hou-
  nour. hounour 49,21.
hons.
honte.

ketivaille.
keu 70,193.

L.

la.
laboura 43,147.
labourer 29,14.
labouroit 29,12.
lai.
laidenges s.
laidenjier 33,14.
laidenjoit 30,67. 46,35.
laidirent 54,92.
laidist 56,92.
laiena.
lais.
lame.
lanche.
lanchies 54,63.
landon 54,67 s. Jahrb.
  10,261.
langereus 10,73. 19,34.
  43,215.
lantome 37,14.
largement 70,177.
larmoia 62,195.
larmoiant 43,75.
larmoiast 6,19.
larmoier 11,145.
larrechin 60,47.
lasnier 50,174.
lasse part. prt. 54,213.
  70,2.
lasses 15,58. 58,148. 59,70.
lassier 46,103.
lassierent 28,87.
latin 69,1.
latinier.
lava 54,82.

lavoit 10,126. 19,99.
  39,81.
lechon 9,180. 50,136.
lechons 18,16. lecons 6,3.
lee 14,72. 48,61.
leeche 62,104.
legassion 6,57. legation
  11,207.
legiere 70,108.
legierament 5,14. 28,81.
  70,207.
leopardine 46,32.
les 30,21.
lesist 9,42.
leske.
letanies 38,27.
letre, lettre.
leus s.
leust 69,34 für l'eust s.
  Jahrb. 10,244.
leva 41,63. 43,211.
levant.
leve part. prt. 23,60. 44,2.
lever 70,109.
leves 27,45.
levoit 9,172. 19,134.
li 26,26. 48,54.
lichies 11,24.
liement 23,64. 25,39.
lignages 50,90.
Limosine 13,7 50,7.
lions 31,63. fel lions für
  fellions s. Jahrb. 10,63.
lirra.
lis.
lisant 61,3.
lisoit 11,97.
lisommes 41,19.
list.

lit.
liu.
liues.
liua.
livra 5,77.
livraire 11,94. 61,14.
livre 9,39,180. 34,37. 51,2.
  70,275.
livre prs. 3. sg. 70,276.
livrer 22,25.
livrison 10,31. 19,67.
livroit 9,85. 10,30,91,92.
loe part. prt. 43,131.
loenge.
loent.
loerent 62,48.
loi 9,34. 33,9. 46,4. 63,10.
  70,39.
loial 5,108. 35,1.
loiaus.
loie part. prt.
loierent 31,55.
loies 24,67. 31,62.
loist 50,260.
lois 56,99.
longement 10,120. 11,127.
  24,32. 43,25. 46,169.
  48,46. 62,215. 63,27,33.
  65,62. 67,72.
lona.
lontaine 69,17.
lontaines.
looit 31,89.
losengerie 8,120.
losengiers.
Lothaire 61,13.
Lothaires 35,9. 61,41.
louier 5,80.
loviere 10,36.

Lucien.

Luciens.

lui 9,140. 20,35. 23,30. 32,51. 31,2. 35,13. 53, 38,124. 58,37. 62,259.

luisist 20,10. 37,16.

luitierent 70,64.

luitoient 32,73.

lumiere 40,45. 31,68. 43, 172.

luminaire 43,144.

lupart.

luserne, lusierne.

luxure.

M.

Maar *s.* -art.

machacre.

machue 47,25.

magnefia 27,61.

magnefierent 70,117.

mahommeries 46,17.

maillo.

main *s.* 10,7. 22,39. 26,17. 43,169. 52,63. 53,113, 114. 55,74.

main *adv.* 11,181.

mainburnira 63,4.

maine *imprt.* 2. *sg.*

mains *s.*

mains *adv.*

mains *prs.* 2. *sg.* (*von* manoir).

maint *adj.*

maint *prs.* 3. *sg.*

maintenant.

maintenir 39,96. 64,41.

maintenoient 54,44.

maintenoit 9,209. 39,59.

maintenu 67,27.

maintenue 39,75.

maintiegne 62,255.

maintiegnes 62,73.

maisiere 62,42. masiere 43,162.

maisnie 9,212. 10,115. 22,6. 51,3. 52,40. 54, 48,231. 62,127. 63,5.

maison 10,22. 11,191. 16,26. 17,19. 20,11. 22,3 (*einzusetzen*) 34, 24. 49,25. 58,205. 59,2. 67,57.

maisons16,9.41,11.51,14.

maiseele, maseele.

mal 53,43.

maladie 19,49. 24,71. 57,24.

maluge 56,175.

malaise.

male *adj.*

male *s.*

malisse.

malisses.

malostruement 48,45.

malsavoir 53,43.

manche.

manda 30,93.

mande 11,214 *part. prt.*

mander 11,177.

manecha 20,109. 53,68. 58,89.

manechierent 54,94.

mangier70,271. mengier 10,98,121.19,71. 56,15. 70,271.

manie *part. prt.* 57,21.

maniere8,95.15,65.16,39. 19,131. 30,109. 31,23. 36,11. 39,43. 41,1. 42. 35. 47,49. 50,59. 53,101.

54,126. 58,74. 61,16. 62,131,201. 67,69. 69, 44. 70,19,201.

manieres 37,12. 70,192.

manifeste *part. prt.* 41,40

manifestoit 55,9.

manoia 21,27.

manoie 6,5.

manoient 54,10. 58,5.

manoir 19,23. 52,64.

manoir *s.* 19,24.

manoit 11,81. 26,2. 40, 23. 52,1.

manouvra 29,45.

manouvrer 28,50.

manouvroit 9,16.

mansion 48,38.

mansions 50,9.

mansist 8,75.

marchandise 36,17.

Marchial 15,14. Marcial 15,26.

Marchiaus.

maree 25,26.

mariage 46,120.

Marie 58,244.

marine 40,22.

marmoire.

martir.

martire.

martires.

martiria 40,103.

martirier 43,223.

martirierent 44,21.

martirioient 40,91.

marvoice 54,210.

maserin 22,32.

maserins 10,111.

masiere *s.* maisiere.

maseele *s.* maiseele.

mien.

miex.

millaire.

minast 50,55.

mine 13,22.

ministere.

mire.

mis 9,115. 19,59. 28,67.
48,30. 50,146. 52,109.
53,40. 54,164. 61,52.
65,40.

mise 30,52. 36,35. 55,64.

misent 46,118. 50,52. 54,
181.

misere.

misericorde 58,265. 62,19.

misericors 19,45. 58,263.

miserine 9,10 s. Jahrb.
10,261.

mises 62,23.

mist 5,27. 11,218. 13,45.
20,98. 27,32. 29,48.
32,9. 44,29. 65,5.

mitres.

moi.

moie part. prt. 43,137
s. Jahrb. 10,261.

moine.

moines.

mois.

moitie.

molestoit 55,20.

moluo 68,19.

moment 70,231.

mon adv.

monarchie 8,100. 30,25.
34,44. 35,12.

mondaine 39,119.

monde s. 9,153. 50.64.
51,21. 67,5.

monde adj. 50,63. 67,6.

monjoie 9,6.50,26.62,233.

monnestoit 54,58 coll.

mounestoit.

monniage 13,62. 50,46.

monnier.

monnoie 9,82.

mont.

monte 56,152. 59,37.

monteplia 17,37.

monteplier.

monteplioit 18,20.

monter 49,27.

montoient 59,20.

monument 41,68. 43,166.
45,13. 70,227.

*moriant 61,58 s. Jahrb.
10,262. 11,152.

morra 59,30.

morres 62,213.

mors.

mort s. 50,46. 58,125.

mort s. part. prt. 58,126.

mot.

mourrai 43,104.

mourront 70,282.

moururent 60,74.

mourut 30,16. 69,22.

moustier 16,15.

moustranche 8,6. 62,123.

mouvoir 11,222. 62,228.
69,41. 70,70.

muanche 46,84.

muchie 49,59. 62,18.

muchoit 11,102.

mueblee 14,4.

muee 43,190.

muire 50,230.

muirommes 63,48.70,168.

muser 50,132.

N.

nais.

naisceroit 15,36.

naissanche 48,33.

nassoit 11,138.

nations 37,52. 40,80.

nature 55,27. 62,87.

necessaire 9,17,123,216.
13,14,78. 39,56. 40,96.

necessaires 14,16.

necessite 19,94.

nee 27,42.

negligenso 5,89. 49,1.
58,102.

nequisse 53,36.

nes part. prt. 7,23. 49,55.

netete 37,5.

niches.

noble.

noblement 5,30. 11,12,27,
54. 29,34. 70,243.

Noiemisien.

Noienois.

noier 56,70,81.

Noion 37,20. 38,40. 41,5.
48,66. 58,162.

nois.

noise, noire s.

noisier 70,49.

noisoient 70,212.

nombre 25,12.

nomma 8,26.

nomme prs. 3. sg.

nommee 13,9.

non.

nonchu 27,53 für nonchu.

nonne.

nons.

Normandie 28,35.

*nostree 40,12 *s. Jahrb.*
10,262.
notete 37,6 *s. Jahrb.*
10,262.
notifia 42,24.
notifie 52,105.
Notre-Dame.
noureture 47,29.
nourris 50,4.
nouvel 54,65.
nouvele *s.* 43,243. 56,153.
nouvelement 59,86.
nouveles *s.* 32,46.
novembre.
nue.
nues *s.*
nuit.
nus.

O.

Oains.
obedienche, obediense
13,90.
obeir.
objections 32,56,64.
obscure *adj.* 67,50. oscuro
51,48.
obscuree 24,99.
obscurs 13,29.
ochesissent 54,172.
ochesist 14,52. 31,41.
ochirroient 54,62,192.
ochise 50,232.
ochisent 50,51.
ochision 50,240.
ocoison 11,129,192. 15,42.
19,95. 20,39,61. 22,4.
38,2. 49,26. 55,69. 56,2.
58,206.
ocoisons 66,3.
odoroit 43,175.

odour 8,51. 43,173.
oel *s. Jahrb.* 10,262.
oelles.
oent.
offechines *s.* 60,29.
offense *s.*
officians.
offiche, offise, offisse.
offises.
offisial 46,24.
offrande.
offri 43,89. 49,73.
offrist 40,93.
offroit 38,7. 56,166.
oi *part. prt.* 8,83. 59,17.
oi *prt.* 1. *sg.* 46,6.
oi *imprt.* 2. *sg.*
oiant 14,56. 43,76. 54,99.
oie *imprt.* 2. *sg., conjct.*
prs. 3. *sg.*
oie *part.prt.* 52,112. 60,39.
oir.
oirent 28,71. 45,16. 54,91.
58,118.
oirre.
oiseleours.
oisense 29,3.
oisons 9,107.
olive 21,33.
ombrage 43,246.
ommes 17,43.
on 5,103. 7,27.
onde.
onques 43,178. 70,86.
ont.
ooient 11,88. 66,3.
ooit 5,93. 17,5. 58,176,
210.
opifisse.
opines 50,294.

opinion 19,15. 36,32. 40,4.
or 5,24. 8,88. 11,58. 13,19.
25,14. 29,37. 41,44.
58,251. ore 17,22. 28,
69. 54,212. 56,30.
orage 70,136.
oratoire 14,13.
oratoires; ouratoires 23,3.
50,193.
*orbe 67,58 *s. Jahrb.*
10,262.
orde.
ordena 14,12.
ordenee 17,18. 35,4.
ordenes 38,10,15. 39,23.
ordination 43,1.
ordoner 13,69.
ore *s.* or.
orelle.
orellier *s.* 19,103.
orent *s.* eurent.
orfaverie 5,114. 9,19,37.
orgelleus 12,23.
orguel.
orguellent.
orguelli 39,71.
orieus *adj.*
orine *s.*
*oriner 56,139 *s. Jahrb.*
10,262. 11,152.
orison 11,130,160. 20,62.
85. 24,29. 27,20. 31,16.
50,41,239,253. 54,225.
orisons 7,39,85. 8,29,
11,118. 18,24.
orront 61,66. 70,281.
oscure *s.* obscure.
oscurement 53,70.
osoit 44,7.
ospitiles 19,108.

plentible 14,19 *s. Jahrb.*
10,263.
plentive.
plentivement 25,40.
pleurent.
pleust 13,87. 15,34. 23,41.
52,55,121. 54,68. 59,83.
69,33. 70,103,195.
pleut, plot.
plom.
plot *s.* pleut.
ploura 14,17. 20,88. 24,
37,38. 43,209. 65,11,12.
plourant, plurant.
plouremens 62,113. 68,32.
plourement67,71. 70,208.
plourer 49,42.
plourerent 62,65. 70,44.
plouroie 19,39.
plouroient 70,141.
plouroit 69,69.
plouvoir 8,40.
plurant *s.* plourant.
plus 32,59.
plut.
poes.
poi
poignoit.
poignuel *s. Jahrb.*10,263.
11,146.
pois 5,45,46.
poison 54,226.
poissanche 8,5. 10,175;
puissanche50,103.67,21.
poissans.
poissant 21,12.
poitrine 69,64,87.
pome, pomme.
pontifice.
pooient 9,80. 10,104.

11,87. 50,179. 66,4.
70,238.
pooir 20,61. 22,20. 63,22.
70,69.
pooit 21,14. 31,40. 55,99.
58,175.
popelikan.
porra 59,29.
porres 62,214.
porroit 5,11,41.
porront 61,65.
porsions 19,57.
portast 23,34.
portes 53,117. 70,41.
portoit
posu 56,17.
poserent 32,43.
posnee 43,51.
possession 67,82.
possessions 13,03. 41,12.
50,10.
pot *s.* peut.
pouralerent 62,36.
pourcachier 60,69. pour-
chachier 54,55.
pourcachoit 28,94.
pourcauchier 43,36.
pourchachier *s.* pour-
cachier.
pourparla 52,94.
pourparlerent 54,162.
pourpensee 5,5.
pourreture 19,37.
pourrie 19,36.
pourrissoient 50,117.
poursivirent 50,207.
67,60.
pourveoit 19,66.
pourvoies 65,36.
povrement 11,53.

povres *s. Jahrb.* 10,63.
precieus 41,46. 70,121.
precieuse 14,58.
precieuses 11,47.
predication 30,49.
predications 51,52.
preecha 46,83. 56,105.
preechast 56,113.
preechier 40,67. 56,101.
prelas 70,162.
prelat.
prelacion62,12. prelation
39,64. 40,3. 41,24.
premeraine 5,76.
premierement5,50. 35,35.
37,42. 39,17. 40,15.
57.7; prumierement
19,61. 55,95.
prenduns 58,257.
prendoient 19,56.
prendoit 25,7.
prendre 14,77. 21,16.
30,41. 49,19. 70,166.
prent.
pres 10,184. 17,34. 50,71.
presbitere.
presence 11,162. pre-
senche 62,133,222. 63,
61. 66,10. 67,77. 70,200.
presense 5,90.
present 22,36.
presentement53,106. 63,
42. 64,23. 70,232.
presenterent 59,106.
presissent 9,66,183.
presist 8,8. 43,125. 52,
120. 53,125.
presse 54,75.
prestre.
presumption 55,26.

preudomme 31,4. 52,42.
prudomme 30,99.
preudommes 41,20.
prie.
priera 19,148.
primeraine 35,19.
prinche.
prinches.
prioit 24,14. 59,108.
priomines 63,38.
pris.
prisa 5,78,99.
prise.
prisent.
prises.
prisies 5,112. 42,10.
prisoit 11,68. 53,85.
prison 15,41. 31,65. 50, 254.
prisons 7,86. 9,101.
prisounier 50,173.
prisouniers 9,132. 50, 47,73.
prist 7,33. 30,39. 42,28. 65,60.
privee 46,87. 48,25.
priveement 8,16. 50,168. 55,8.
procession 15,20,32. 67, 81. 70,203.
processions 38,22. 50,10. 69,5.
prochaine 56,141. 62,69.
profane, profenne.
professions (für processions) 69,6.
proia 8,74. 13,19. 56,147. 59,115. 62,196. 65,7.
proinst 59,110.
proie s. 9,81.

proie part.prt.8,32.14,32.
proiere 8,57, 20,59. 27,21. 28,6. 31,67. 50,60. 54, 125. 58,73. 62,130,202. 66,26.
proierent 55,62. 58,166.
proieres 37,11.
proies 54,209.
proiet 35,46.
proloigne.
prolongement 24,31.
promesse 35,7.
prometeras 20,71.
promis20,92. 25,42. 65,44.
promise.
promisent 54,182.
promission 54,139.
prophesie 51,26. 59,57. 61,46.
prophetisa 61,9.
prophetisant 61,4.
prophetisement 59,104.
prophetisoit 59,63. 61,6.
propise, propisse.
proposement 9,193. 11, 188. 19,86. 39,98. 43, 26,81.
proprement 9,23. 19,10, 62. 23,43. 28,25. 31,27. 37,41. 40,43. 41,56. 48,18. 54,156. 64,24.
prosperite 46,70.
proumist 6,36. 39,116.
prouvees 32,7.
prouvenanche.
prouvoire 55,2. 58,2.23.
prouvoires.
providense 13,89.
Provinche 49,2. 61,12.
provinches.

provinciaus.
prudommes.preudomme.
prumierement s. premierement.
pucheles 41,7.
puer.
puet.
pueur.
pugoises s. Jahrb. 10,262.
puir.
*puiroit 10,103 s. Jahrb. 10,264. 11,152,153.
puissanche s. poissanche.
pullente.
pure 39,106. 47,3. 51,10. 64,32.
purement 11,167. 55,95.
purifie 46,154.
purifier 13,27.
purs.
pusnaisie 7,88. 30,59.
pusnaisies 58,36.
putie.

Q.

quaconques43,177. 70,85.
quant.
quantite 22,42.
quasses 30,46.
quatissoient 62,53.
quatre.
quelli 39,72.
quellierent 56,59 Coll.
quellirent.
quelloit 56,27.
queres 43,141.
querine 11,223. 54,156. 58,173 s. Jahrb. 10,264.
queroient 41,49. 43,135.
queroit s. kerroit.

querre.
quesissent 9,65.
quesist 43,29.
questions 32,55,63.
quevillie 67,74.
quidierent 70,63.
quidies 52,73.
quidoient 54,46.
quinsaine 10,64. 19,152.
58,103.
quis.
quist.
quoi *pron. interrog.*
quoi *adj. s. coi.*

R.

racater 10,142. 13,72.
racatoit 9,129,175.
rachine 46,164.
raconte.
raconter 52,102.
raconterent 59,105.
racontoient 59,19.
racouroient 46,167.
rades.
radoucha 6,31.
radrecha 6,32.
rafinoient 70,190.
rage.
raidons 16,13.
raiere *s.* raidir *Jahrb.*
10,264,265.
raisonablement 50,220.
raisnubles.
raison 5,104. 11,9. 16,25.
38,1. 58,157. 62,105.
63,39.
raisons 38,14.40,84.51,13.
66,14.
ralaissent 10,90.

ralerent 11,246.
ramentevoient 43,50.
ramproane, ranproane.
ranchissiemes, *coll.* re-
mansissiemes.
randissoient 56,124.
randissoit 48,49.
ranproane *s.* ramproane.
rapiner 13,70.
raplaidie 65,38, *s. Jahrb.*
10,265. 11,154; ra-
plaidies 50,116.
raverai 53,66.
ravesqui 46,89.
ravie 58,256.
ravine 20,99.
ravis 70,242.
ravissoit 46,132.
ravoir 5,33. 9,117. 50,49.
rebours.
rebracha 43,149.
rebrachie 70,83.
reches 62,250.
recheumes 38,35.
recheust 40,82.
rechevommes 66,7.
rechevroit 54,98.
rechief 11,144. 20,111.
24,35. 28,89. 50,256.
52,114.
rechurent.
rechut.
reclamer 42,75.
reclames 62,208.
recommenchierent 15,89.
reconciliement 55,96.
recorde 62,20.
recors.
recreant 32,78.
reculer 11,45.

redevendit 53,128.
redie 22,80.
redire 39,10.
redrecha 20,110. 21,32.
ree 10;27.
refections 19,58.
refisent.
refist 10,174.
refrigere 67,20 *s. Jahrb.*
10,265.
refuioit 43,73.
refusee 62,4.
refuser 52,38. 58,171.
refuserent 40,28.
regions 28,22. 32,3.
regne 32,40.
regneta 59,40.
reguerredonna 11,241.
reguerredonne 19,155.
reguler 17,25. 35,6.
regulere 9;207.
regulerement 17,36.
relais 9,214.
religieus 85,30. 42,8.
religieusement 17,12.
46,26.
religieuses 9,73.
religion 6,126. 11,32.
17,8. 41,23. 59,3.
religions 32,4.
remaint 56,91.
remanant.
remanes 38,16.
remerir 29,80.
remes 10,132.
remesura 14,30.
remetre 16,21.
remise 20,118.
remission 56,54.
remist 50,60.

sejourneront 11,201.
sele.
*sellans 12,24 *s.* seillier
   Jahrb. 10,267. 11,154.
semaine 39,120. 58,104.
semee 30,29. 53,95.
semoit 33,4.
semonnoient 15,62. *coll.*
   semounoient.
semmonoit, *coll.* semon-
   noit 54,36. semonoit
   62,138.
semont.
senefia 56,148.
senefianche 42,32. 62,124.
senefie.
senefioient 64,8.
senes 38,9. 49,56. 56,131.
senestre, seniestre.
sens 16,38. 30,85.
sensne *s. Jahrb.* 10,267.
sentense 7,95. 53,93. 55,
   16. 58,101. 63,52. 70,62.
senti 14,48.
sentier.
sentiers 51,16.
seoir 14,43.
seoit 9,22. 10,117. 13,5.
   21,3.
sepelir 70,123.
sepulture *s.* 28,52. 43,9,
   42,234. 70,105.
sepulture *part. prt.* 43,11.
sepultures 43,22.
sera 56,83.
serai 43,96. 64,25. 65,63.
seras 49,57.
seres 62,229.
sereures *s.* 15,44. ser-
   reures 50,156.

seriement 11,168.
seris.
sermons 50,243.
sermounoit 51,50. 54,35.
   62,137.
seroient 14,7.
seroit 9,188. 61,32. 62,39.
serommes 54,110. 63,35.
seront 7,100. 10,180.
   11,202.
serre *s. s. Jahrb.* 10,267.
seure 62,180.
serre *part. prt.* 50,178.
serree 50,187.
serrer 58,267.
serreures *s.* sereures.
sers 63,23.
servage 9,159,
servent 9,159. 51,19.
   54,146.
serviche 65,31. servise
   8,106. 15,92. 46,72.
   50,198. 51,11. 56,94.
   58,88. 68,27.
servir 8,66. 20,5.
servise *s.* serviche.
ses *s. Jahrb.* 10,267.
scsfaire 69,62.
sesferai 56,47 *s.* ses *Jahrb.*
   10,267. 11,146.
set 19,146.
seue *part. prt.* 67,16.
seulement 5,56. 6,39. 9,
   24,119. 12,33. 17,27.
   18,27. 42,47. 52,54.
   56,118.
seulent.
seur.
seure *s.* serres.
seurement 5,72. 24,88.

seurent, sorent.
seussent 32,95.
seust 11,35,168. 13,33.
   14,22. 19,3. 28,10,61.
   32,53. 58,95. 62,247.
Severin 29,22.
sevree 54,230.
sien.
siens 13,65.
siervi 40,113.
siet.
signe 67,63.
silenche 55,36. 66,27.
   silense 11,161.
simement 32,62 s. Jahrb.
   10,268. 11,146.
simplement 11,141.
Simplises.
singlaton 44,28.
sire.
sires.
sist *prt.* 3. *sg.*
sive.
sivi 26,38.
sivirent 37,18. 46,113.
sivissent 11,184.
sivoient 70,148.
sivoit 9,27. 12,11. 39,65.
   50,162.
sodal.
sodules.
soi *pron.*
soi *prs.* 1. *sg.*
soie *s.*
soie *prs. conjct.* 1. *sg.*
   43,97. 64,27.
soient.
soigneus 9,138,148. 10,48.
   25,1. 39,26. 70,173.
soing 10,170. 52,81. 56,
   169. 58,152,254. 65,9.

tenist 23,40. 50,110.
tenoient 50,19,203. 58,6.
tenoit 9,143,173. 10,75.
11,82. 12,7. 19,79. 49,
33. 55,5. 56,171. 58,42.
tenrement 68,2 *coll.*,
69,52.
tenser 50,226.
tenu 10,84.
tenue 69,26.
tenuement 65,52.
terme.
termine.
terre.
terres.
terrien.
tesmoignage 58,7. ties-
moignage 5,106.
teste.
teurent.
teust 49,52. 70,218.
tiesmoignage *s.* tesmoig-
nage.
tiesmoignier 62,218.
tievi 39,109.
*tinguire 29,49,50. *s.*
Jahrb. 10,269.
tinrent 46,123.
tint 35,8.
tiroit 68,9.
tisons 16,10.
tolirent 37,34.
toloit 7,58. 9,146. 11,63.
tombe.
tonner70,216*colt.*touner.
tors.
touaile.
toune.
tounelier 52,44.
tounoire.

tour 10,172. 50,44.
tourna 11,232. 27,43.
Tournai.
tourner 52,31.
tournoient 21,38.
toute.
trache.
trai.
traies.
traine *part. prt.* 61,53.
traioit 12,12.
traire21,18.52,135.55,77.
traist.
trait 20,26.
traite 21,21.
trambla 15,75.
trambloit 58,232. 59,78.
tramis 24,19.
tramisent.
tramist 13,46.
transgression 58,78.
translater 70,7.
translatoit 9,180.
trape.
traveillie 62,28.
travella 11,198. 46,8.
travellies 64,15.
travelloit 55,50. 56,143.
travillast 50,125.
travillier 70,4.
trecherie 5,53. 8,119.
tremaires62,116 *s.Jahrb.*
10,269.
trentaines 39,52.
treperies 54,20.
trescouroit 11,116.
tresor 5,23. 8,87. 11,57.
13,20. 25,13. 29,38.
41,43. 58,252.
trespas 53,120. 62,185.

trespassement 68,1.
trestous.
trestout.
tribulation 39,105. 40,99.
tridelaine 70,273.
triduaine 70,266,274.
trinite 20,94.
triolaine 10,63. 70,265
*s. Jahrb.*10,269.11,154.
tripudial 15,25.
triste.
tristreche 62,103.
tristre.
tristres.
trois.
trouva 11,235 *durch Um-*
stellg.? 25,37. 41,64.
43,163,164. 45,11.
trouvaisent 19,27. trou-
vaissent 28,31.
trouve 43,12. 52,138.
trouvee 25,86. 41,31.
trouveras 10,20. 49,58.
trouverent 70,74.
trouveres 43,142.
trouveroient 43,136.
trouveroit 43,31.
trouves 27,46.
trouvoient 9,61. 25,4.
43,118. 70,189.
trouvommes 53,134.
truevent 54,142.
truis.
tumer 11,44.
tumonte 68,23. 70,45.

U.

umelierent 50,265.
un 21,11. 26,13.
une 5,47. 21,47.

unite 62,141.
Uriliens.
usage 7,6. 8,103. 10,207.
   19,1,149. 37,50. 39,29.
   40,112. 54,37. 62,1.
   65,48. 67,25.
usages 9,46. 46,174.
use *imprt.* 2. *sg.* 52,108.
use *part. prt.* 54,39.
usee 62,3.
user 52,37.
useras 20,72.
useront 64,2.
Usisieus.
usure 62,14.
utilite 50,86.

V.

va.
vaillanche 29,63. val-
   lanche 12,2. 46,13.
vaine 30,13.
val 25,19. 70,138.
valoir 62,170. 65,54.
valoit 50,211. 70,75.
valour 31,18. 65,54.
vanite 62,5.
vassitus.
vausissent 9,184,190.
vausist 21,46.
vaut.
vavasseur.
vees 54,189. 55,54.
vegille 63,189.
veillier *s.* vellier.
veir 9,7. 43,168. 46,127.
   50,22 *für* veoir 62,83.
   veoir 63,21.
veissent 68,16. 70,234.
veisses 46,156.
veissies 46,147.

veist 5,51. 19,141. 22,65.
   59,79. 70,220.
vella 46,7.
velle.
velles.
vellier 11,126. 39,31.
veillier 70,3,251.
vellierent 68,30.
velloient 43,191.
velloit 56,20.
velloumes.
vendes 36,24.
vendist 9,149.
venerassion 67,46. veue-
   ration 43,2.
venianche 58,69. ven-
   janche 58,98.
venir 24,57. 46,128. 62,
   241. 70,124.
venison 19,96.
venisse 67,23.
venissent 11,183.
venist 10,14,79,80,81. 22,
   66. 56,149. 67,13.
venistes 50,65.
venite 7,97,105.
venjanche *s.* venianche.
venoient 9,69,100. 15,61.
   17,1. 19,55. 46,152,160,
   50,20. 54,9.
venoit 9,94. 10,196. 11,
   150. 23,7.43,195. 53,11.
   58,41.
venra 63,16.
vens.
vento 9,84, 36,15.
venu 10,83. 23,54.
venue 22,8. 65,3. 69,25.
   70,270.
venus 28,59.

veoie 19,40.
veoient 10,103,144. 21,37.
   43,186. 53,107. 70,237.
veoir *s.* veir.
veoit 5,94. 9,28,46. 10,
   118,154. 11,60. 12,31.
   23,22. 56,140. 58,91,
   92,155.
vergoigne.
verite 10,44. 14,37. 34,46.
   43,67. 44,34. 46,66.
   50,137. 58,153. verte
   41,53.
verites 37,40. 43,6.
Vermendisien.
verouilles 50,150, *coll.*
   roullies.
verras 62,163.
vorriere 50,185.
vers.
verseillies 68,26.
verseilloit 11,156.
versellemens 68,31.
versillier 58,111,207.
verto *s.* verite.
vesque.
Vespellions 28,21.
vespree 10,65.
vesteure 9,122. 11,65.
   70,146.
vesteures 11,13. 13,82.
vestue 11,84.
veu 52,33. 60,26.
veue 67,15. 69,57. 70,154.
veulent.
veus.
veut.
vi.
vinire 8,20. 11,113,195.
   64,10. 69,61.

Abkürzungen.

a^c = a vor einfacher Consonanz.

a^{cc} = a vor mehrfacher Consonanz.

$^rd^r$ = d zwischen Vocalen.

$^rd^c$ = d zwischen Vocal und Consonant.

$^rd^{.c}$ = d zwischen Vocal und angerücktem Consonanten.

$^rd^{.a}$ = d nach Vocal in secd. Auslaute.

$_rd^a$ = d nach Vocal und im Auslaute.

$^rd^c$ = d zwischen Consonanten.

$^{c.}d$ = d nach angerücktem Consonanten.

a^{cc} = ∞ gleich:gebunden mit sich selbst.

a^{cc} = o gleich:gebunden mit Nichts.

$^rn.s$ = Nominativisches s nach Consonant.

$^radv.s$ = adverbiales s nach Vocal.

Ein Stern vor einem frz. Worte bedeutet, dass sein theoretisches Etymon im lat. nicht belegt ist.

Verbesserungen und Nachträge.

S. 11, unter -*aut* 2, ist der Eigenname Erchenoaut besser aus dem Deutschen herzuleiten — S. 17 unter -*iens* 2, Z. 3 lies -*eum-s. — S. 18, unter -*ies* 2, Z. 3 ist hinter 58,35 einzufügen 64,19; unter -*ies* 1 nach 50,97 in Z. 3 fehlt der Gedankenstrich; 64,19 in derselben Zl. ist zu streichen; unter -*iet* 2 lies: -*edet* statt -*edit.* — S. 18, unter -*iex*, Z. 2, lies: -*olis* statt -*elis*, und ist mit diesem Fall der unter -*eus* 3, S. 15, zu vereinigen. — S. 19, unter -*ir*, Z. 12, lies: -*iro* statt -*iro.* — S. 20, Z. 1, unter -*irent* gehört auf S. 19 unten; unter -*is* 2, Z. 4, lies: -*egio-s*; unter -*ise* 1, Z. 21, lies: -*isam*, Z. 24 -*isat.* — S. 21, unter -*isent* 2 lies: -*etiant*; unter -*ises*, Z. 4, fehlt das Fragezeichen hinter -*icios*; Z. 8, lies: -*isas.* — S. 22, Z. 2, lies: -*ecit* statt -*ecit*; unter -*iste* lies: -*isti* statt -*isti*; unter -*ive*, Z. 4 u. 7 -*iutam* statt -*iutam.* — S. 23 unter -*ivent*, Z. 3, -*obant* statt -*obant*; unter -*oble*, Z. 1, -*obili* statt -*obili*; unter -*oe* l.-*abatas* statt -*abatas*; unter -*oi*, Z. 5, -*edum* statt -*edum*; Z. 14 -*igium* statt -*igium*; unter -*oide* -*odivm* statt -*odium.* — S. 28, aioire, unter -*ore* gibt einer doppelten Auffassung Raum: 1) kann es die 3. sg. prs. c. sein und auf das »sich Vermeren« des Weines bezogen worden, 2) könnte der Inf. [=*adaugere*] in der Bedeutung »vermehro, giess zu, mehr noch«, also als positiver Imprt. 2. sg. verwandt scheinen, (für letztere Deutung jedoch ist mir kein analoger Fall bekannt). — Nr. 38 lies germ. a + lab. statt *a + lab. — Nr. 46, Z. 3, lies: aut 1; für Z. 1 u. 2 lies: *a^{cc} = a^{cc}:aut 2 (*Erchenoaut) vgl. obg. Verbesserung zu S. 11. — In Nr. 52, Z. 1, und in Nr. 866, ist a^{cc} zu streichen. — e_s über Nr. 56 gehört als besonderer Fall über Nr. 57. — Zu Nr. 66, S. 20, gehört die Anm. S. 37. S. 36, Anm., Z. 1, lies: prouucnanche (Coll. prouvemenche). — Nr. 71, Z. 2 hinter *lit* fehlt das Semikolon; Z. 6, g'r statt g. — Nr. 78, Z. 1 u. Nr. 117, Z. 2, füge ein $\eth^c$(l); Z. 3, lies: *iex* (*miex*). — Nr. 79, Z. 2, lies: $\eth^c$(t) + u statt *$\eth^c$(t) + u.* — Nr. 82, Z. 1, hinter abeies, füge ein = io, *iv:. — Nr. 101 lies: *y + lab. statt y + lab. — S. 39, Nr. 11 ist (ui) zu streichen. — Nr. 105, lies: ius statt uis. — Nr. 106, Z. 3, lies: *croche u. *clochs. — Nr. 112, Z. 5, lies: lat. o^{cc}. — Nr. 120, Z. 4, lies: *Galeboide. — Nr. 122, Z. 3, velles.